교회회계기준

경영컨설턴트

안주백 지음

엘맨
하나님의 사람을 만들어 가는 ELMAN

교회회계기준

초판 1쇄	2023년 11월 13일
지은이	안주백
펴낸이	이규종
펴낸곳	엘맨출판사
등록번호	제13-1562호(1985.10.29.)
등록된곳	서울시 마포구 토정로 222
	한국출판콘텐츠센터 422-3
전화	(02) 323-4060, 6401-7004
팩스	(02) 323-6416
이메일	elman1985@hanmail.net
	www.elman.kr

ISBN   978-89-5515-094-0 03230

값 15,000 원

교회회계기준

경영컨설턴트

안주백 지음

엘맨
하나님의 사람을 만들어 가는 ELMAN

차례

머리말

할렐루야! 하나님의 은혜로 모태 신앙으로 태어나 70여년 믿음생활을 하고, 50여년의 회사생활을 회계업무로 시작하여 기업의 재정과 경영관리 업무를 충실히 해오면서 지금까지 경영인의 중책을 감당하고 있으며, 그동안 교회 재정관련 업무에도 특별한 관심을 갖고 주어지는 일에 열심히 달려 왔습니다.

그러나 세간의 들려오는 교회 내 일부 지도자들의 재정관리의 투명하지 못하고 오랜 관습과 개인 편견에서 오는 미숙한 처리로 인하여, 교계의 안타까운 일들을 보면서 오랜 교회회계 재정관리인 으로서의 많은 고뇌속에, 미래 한국교회의 투명하고 정직한 교회 재정 관리만이 교회 내,외에 대한 불신을 조금이라도 없앨것을 소망으로 본 「教會會計基準」서를 집필하게 되었습니다.

한편 이 집필을 위하여 부족한 저에게 특별한 사명을 허락하시고 수년 동안 여기까지 자료 수집과 교회 및 단체에 강의와 컨설팅을 할 수 있도록 인도하신 하나님의 은혜에 감사와 영광을 올려 드립니다.

이 「교회회계기준」서를 통하여 교회재정이 튼튼하게 열매 맺으며, 하나님을 기쁘시게 하여 한국교회에 도움이되는 계기가 되기를 간절히 바랍니다.

필자가 섬기는 인천제일교회는 오래 전 부터 본 『教會會計基準』서를 당회 의결을 거쳐 제정하고, 재정부의 기준서로 운영하게 하여 제게 큰 힘과 용기를 주신, 손신철 목사님과 당회원들에게 깊은 감사를 드립니다.

이 책을 발간하도록 생전에 계실 때 여호수아서 1장7절 말씀과 함께 큰 용기를 주셨던 선친 안철호 원로목사님의 「中庸之道」의 가르침이 있었음을 감사드리며, 기도와 격려로 집필할 수 있도록 늘 함께 해준 안주훈 (전)서울장신대학교 총장과, 안주영 목사, 기도와 격려를 아끼지 않았던 사랑하는 아내 김영주 권사, 희도, 희진, 세희 에게 사랑의 마음을 전합니다.

아무쪼록 본서가 교회와 교계단체의 재정관리에 큰 도움이 되고 교회재정업무에 관심있는 많은 분들에게 꼭 필요한 책이 되어서, 하나님의 뜻이 이 땅에 이루어지고 하나님 나라가 확장되는데, 큰 쓰임 받기를 간절히 소원 합니다.

경영컨설턴트 안주백 장로

:

추천의 글

　할렐루야! 「교회회계기준」서의 출간을 진심으로 축하드립니다.

　저자 안주백 장로님은 모태 신앙으로 성장하여 왔으며 평생 기업에서 재정과 경영관리에 혼신을 다하였고 교회에서는 재정관련 업무를 담당해 오면서 교회와 교계 단체들이 어떻게 하면 하나님께서 주신 재물을 투명하고 정직하게 사용할 수 있을 것인지에 대하여 깊은 관심을 갖어 오셨습니다.

　한편 장로님은 기업의 경영인으로 건전한 재무관리에 힘써 오실 뿐만 아니라 기업경영진단과 컨설팅을 해오셨으며 대학교에서도 후학들에게 회계학을 가르쳐 오시고 총회재정부 실행위원과 인천기독신문의 기고하시는 등 왕성한 활동을 보이시며 교회와 교계 단체를 통하여 재정관리 강의와 컨설팅을 해 오셨습니다.

　최근 세간의 교회 재정관리의 문제로 여러 교회와 단체가 곤경에 처하는 것을 안타깝게 생각하고 이제 한국교회는 사회 구성원으로서 교회 재정 업무에 투명성과 정직성에 대한 책임이 매우 중요한 국면에 이르게 되었다고 봅니다. 이제 이를 소홀히 함으로 인하여 세상에서 교회의 공신력과 영향력은 작아지고 교회에 대한 부정적인 시각을 보이게 된다면 하나님 복음 사역에 큰 어려움이 있을 것으로 우려 됩니다.

　이러한 시대적 상황에서 오랜 회계 업무의 경험을 토대로 본 교단의 교회회계기준을 근간으로 하여 일반적인 교회들의 재정 관리자들의 관습적으로 실행해오던 것에서 벗어나 합의된 교회내 기준서가 요구되어 어려운 회계용어를 쉽고 이해할 수 있도록 재구성하는 등 집필된 「교회회계기준」서의 출간을 매우 기쁘게 생각합니다.

아무쪼록 본서가 한국교회의 건강한 재정구축을 원활히 수행하는 데 지침서가 되리라 기대하며 기쁨으로 추천 합니다.

치유하는교회 위임목사,
치유상담대학원대학교 총장,
대한예수교장로회(통합) 총회장 김의식 목사

추천의 글

　76년의 삶을 믿음 안에 살면서 교회를 섬기며 봉사의 길을 걸어오신 본 교회의 안주백 장로님이 교회재정을 위한 실제적 지침서인 「교회회계기준」서를 발간하셨습니다.

　이는 장로님 개인의 숙원이기도 했지만 한국교회를 위해서도 매우 뜻깊은 일이 아닐 수 없습니다.

　본 서는 50여 년 동안 회사의 회계업무를 담당해 오신 장로님께서 그동안의 실무를 통해 쌓아온 지식과 경험 그리고 꾸준한 연구의 결과물을 바탕으로 일목요연하게 정리한 지침서로서, 이를 통해 실질적으로 교회마다 체계적이고 효율적인 재정운용을 하는 데 기여할 수 있기를 기대합니다.

　본 서는 일반적이고 객관적인 기준서로서 재정 규모가 작은 교회에는 정확하고 합리적인 회계원칙을 세울 수 있도록 안내하며, 재정규모가 큰 교회에서는 좀 더 투명하고 효율적으로 재정 전체의 흐름을 한 눈에 볼 수 있는 회계 기준을 제안할 것입니다. 따라서 교회재정의 규모와 재정을 담당하는 개인의 능력여부에 관계없이 바르고 정확하게, 전문적인 체계에 따라 투명하고 효율적으로 운영하는 회계업무에 크게 도움이 될 것입니다.

　무엇보다 재정 운용과 회계 관리에 열악한 교회가 그로 인한 문제로 교회 내부적으로 분열과 아픔을 초래하고 세간에 부끄러운 모습을 드러내기도 하는 일련의 사태를 보고 마음 아파하며, 오직 교회를 사랑하는 마음으로 제안하는 신앙적 노력의 결과물이기에 그 의미와 가치가 더욱 빛이 날 것입니다.

　본 서가 재정의 속성과 인간 본성의 약점을 극복할 수 있는 제도적인 재정의 운영원칙을 제시하였기에 교회와 교회지도자와 재정담당자 모두를 유익하게 할 것이며, 제적으로 활용하도록 일일이 짚어준 모자람이 없는 실용서로서 오늘 우리 시대 교회의 재정 기준서가 되리라 믿고 본 저서를 추천합니다.

　본 교회에서 오랫동안 재정을 맡아 교회를 든든하게 세워가는 일에 공헌하신 장로님이 이런 의미 있는 집필로 한국교회를 도울 수 있게 되었으니 담임목사는 물론 온 교회의 기쁨이고 자랑이 되었습니다.

　본 교회는 일찍이 장로님이 제안하신 「교회회계기준」서에 준하여 효율적이고 투명한 교회회계를 운용해 오고 있기에 그 유익함을 미리 경험한 입장에서 본 저서가 널리 교회들을 이롭게 하고 하나님께 영광이 될 것이라 믿습니다.

인천제일교회 손신철 목사

교회재정 세미나 (1)

　　최근 교회의 재정사고 문제로 인하여 세간에 심심치 않게 오르내리는 재정 투명성과 정직성에 대한 논란이 많으며, 이러한 부끄러운 일들로 인하여 진실한 신앙인들에게 낯 뜨거운 소문들이 매스컴을 통하여 퍼지면서 우리들의 마음에 매우 큰 상처와 회의를 느끼게 하곤 한다.

　　왜 감사함으로 정성껏 드려진 성도들의 헌금이 오직 선교를 하는 일과 사랑을 전하는 일에 참되게 쓰여져야 하는데 이토록 세상 사람들을 놀라도록 하고 있는지 참으로 보기 민망하고 이해하기 힘든 일이다.

　　사건 사고의 유형도 다양화 되고 사회 법정을 넘나들며 급기야는 지도자가 법정 구속되는 지경에 이르도록 타락해 가고 있는 근본적인 문제는 재정 지출의 원칙과 절차를 무시하고, 공동체 평화를 위해 어쩔 수 없는 최선의 선택이라는 미명하에, 우선 집행하고 보자는식으로 저질러 놓고, 먼 훗날 문제가 드러나면서 공동체 내부의 갈등과 분열로 까지 이어지고 있는 안타까운 현실인 것이다.

　　한편 각종 교회와의 거래에 있어서도 종교는 비영리법인이고 재정의 절약이라는 명분으로 마치 공동체를 위하여 좋은 아이디어라고 제공한다며 거래처와 적당히 가격 조정을 한후 소위 뒷거래를 통하여 세금을 적게 내는 행위는 무지에서 오는 교회지도자들의 부끄러운 모습이다.

　　국가는 회계의 투명성을 부르짖으며 각종 제도를 통 하여 국민들에게 건전한 거래를 호소를 하고 있는 이때에 종교는 치외법권이라도 된듯 버젓이 탈세 조장을 하고 있다는 사실도 망각한 채 마치 당연 하다는 모습을 자랑삼아 자행하고 있는것이 과연 하늘의 뜻인가?

　　그러면 우리들은 언제까지 이러한 일부 지도자들의 그릇된 양심과 투명하지 못한 재정관리 행태를 은혜와 사랑으로 바라만 보고 가야 하는가?

　　모든 것을 이해하고 가자며, 나는 이 일에 관계없는 사람처럼 지나간다면 우리의 지도자들은 경우에 따라서는 직무 유기자임이 분명한 것이다.

세상에 죄에 비하면 아무것도 아니라고들 하지만 최근의 종교계의 재정사고는 점점 커져만 가고 유형도 다양화 되어가는 모습을 보며 과연 이 문제에 대한 해법은 없는 것일까? 어렵고 힘들게 살아가는 세인들과 종교인들에게 보여지는 교회 지도자들의 모습이 어떻게 비춰지겠는가?

물론 투명하게 관리하는 공동체가 더 많겠지만, 신자들의 어려운 가운데 정성으로 드려진 헌금의 훼손을 막는 근원적인 제도 개선이 시급 하다.

우리는 작은 교회라던가, 해 봐도 안된다는 소극적인 자세에서, 지금 부터라도 잘못된 것은 고쳐 나가야하며, 시행중인 종교인소득세법시행, 증여 및 부동산 거래와 관련한 문제를 앞두고 교회 회계와 세무 신고 등에 대하여 관심을 갖어야할 시기이긴 하지만 세무보다 교회의 효율적인 재정 관리를 위해 교회 내 교회 회계 기준을 제정하고 지속적으로 교육하여 건전하고 투명한 교회 재정 관리 자세가 필요하여 다음과 같은 교회 재정 관리 제도의 변화를 제안 한다.

첫째 : 지도자들의 재정관리 의식의 전환

교회 지도자들은 재정의 공과 사를 구분하여 헌금사용에 두렵고 떨리는 마음으로 임해야 하고, 회계 원칙에 따른 자금 운영 제도를 준수하며, 흔히 지도자들의 "나를 못 믿는 가?" 라는 식으로 지출한 증빙의 불투명함으로 인하여 신뢰성에 대한 의혹을 살수있는 행동은 절대로 금해야 하며, 공동체가 더 큰 어려움에 들기전에, 투명하고 책임감 있는 지도자들의 재정관리 의식으로 전환 되어야 한다.

둘째 : 회계 감사 제도의 개선

은혜와 사랑으로 하자는 형식적인 회계 감사에서 가능한 감사 선임부터 엄 선하고 임명된 감사자는 감사 기준에 의한 투명한 감사에 대한 노력이 필요하고 감사시 노출된 문제점에 대하여는 적당히 넘어가기 보다는, 반드시 고쳐가려는 정직한 회계 감사 제도로 변화 되어야 하며, 가능한 감사위원 중 1인은 회계의 경험과 식견이 있고 신임을 받을 수 있는 지도자로 선정 할 수 있는 내부감사 제도의 제정과 개선이 있어야 한다.

셋째 : 복식회계 기록제도의 도입

재정의 기록은 대부분 단순기록에 불과하고 검증 능력이 약한 단식회계 방식이어서 재정사고에 원인이 되기도 한다. 이 제도를 투명하고 정직 한 재정 관리를 위해 자산과 부채의 흐름을 지속적으로 기록 관리 되는 복식 회계방식으로의 제도로 변화 되어야 한다. 최근 논란이 되고 있는 종교인 소득세 과세와 세무 문제를 대비해서라도 종교계 미래를 생각하는 발상의 전환과 함께 적극적인 도입이 있어야 한다.

넷째 : 표준화된 교회회계기준의 제정과 교육

교회는 재정에 대한 올바른 이해를 돕기 위해 교회형편에 맞는 표준화된 교회 회계기준을 제정 하고, 성도들의 귀중한 헌금이 효과적이고 효율적인사용과 재정의 내핍 정신을 알려주며 건전한 재정관리를 통한 큰 선교 사역을 위하고, 공동체내 회계 교육을 모든 회계 관련자들에게 매년 정기적으로 실시하여, 예산이 증가 할수록 성도들과 함께 하는 투명하고 정직한 재정관리제도의 정착을 위한 교회 회계 기준의 제정과 교육이 있어야 한다.

경영컨설턴트 안주백 장로

교회 재정 세미나 (2)

1. 교회재정의 개요

1) 교회재정은 그리스도의 뜻 안에서 주의 복음을 전파하고 하늘나라를 확장 해가는 과정에 교회의 존립 유지 활동에 따르는 재물의 수입, 관리, 사용에 관한 일체의 행정작용을 말한다.

2) 교회재정의기원은
   초대교회는 그리스도교가 유대교와 분리하면서 회당에서 모이지 못하는데서 생긴 자연스러운 현상으로 소규모로 집에서 시작 됐다.

교회 : 예수그리스도를 믿는자들의 모임(행4:12)
　　　　마가의 다락방에서 오순절교회 탄생(행1:13)
　　　　예루살렘 마가의 집(행12:12)
　　　　빌립보의루디아의 집(행16:40)
　　　　골로새의 빌네몬의 집(몬2)
　　　　라오디게아의 눕바의 집(골 4:15)
　　　　고린도의 가이오의 집(롬16:5, 16:23)

3) 현대교회의 재정교회관리에 있어 목사는 유능한 설교가인 동시에 교회 행정의 최고책임자이고 유능한 행정가(경영관리자)가 되어야 하며, 장로나 집사는 목사를 도와주는 유능한 참모(협력자)가 되어야한다. 특히 재정부장은 교회의 재정규모를 잘 파악하여 목회자의 목회계획과 교회가 건강하게 성장 하도록 연구하는 자세로 임해야 한다.

2. 재정관리의 원칙 :

1) 개척교회시절에는 지출에 비해 수입이 턱없이 부족하여 부득불 목회자나, 특정인이 회계를 보는 경우가 있으나, 재정에 수입 지출이 일치할때 부터는 재정관리를 재정부서에서 책임 관리 하여야 함에도, 투명하지 못하고 원칙 없는 재정관리로 인하여 세간에 기독교인의 낯 뜨거운일들이 일어나고 있음은 믿는 자들과 교계의 매우 불행한 일이 므로 재정관리는 매우 투명하고 정직한 관리가 필요하다.

2) 재정관리의 발전과정 과 교회회계기준의 필요성

* 미자립교회 : 교회재정 빈약
　　　　　　　목회자 직접관리
　　　　　　　간이 헌금기록
　　　　　　　1인이 장기 재정관리

* 자 립 교 회 : 재정 균형의 연약
　　　　　　　재정 담당자 장기 위임
　　　　　　　전임자 관습에 의지
　　　　　　　회계 오류, 부정 미발견
　　　　　　　믿음과 신뢰의 오해

* 일반교회 : 재정규모 점진적 성장
　　　　　　　예산관리제 시행
　　　　　　　과거관습의 모순 발견
　　　　　　　관리자마다 주장 이견
　　　　　　　오류, 부정 사례 발견
　　　　　　　실수에 대한 자체 수습, 은폐

3) 교회의 재정관리는 객관성, 합리적, 합법적, 민주적으로 운영 되고 가능한 최소의 경비로 최대의 효과를 거두는 철저한 관리가 되어야 한다.

4) 교회의 재정부장 선임은 신중을 기해야하며 회계의 식견과 덕망이 있는 자로 해야 하며 교회의 재정을 정직하고 투명하게 관리해야 하고, 예산편성에 근거를 하여 부서장들의 재정요청을 원활하게 도와주며 재정증빙의적 법성을 확인하고 "中庸之道"를 지켜야 한다.

5) 재정부장 과 각 부서장은 예산 범위 내 에서 신의 성실로 책임있는 자금 집행을하고 예산외 사용은 금지 한다.

6) 자금 소요가 있어 부득히 추경이 요구 될 때에는 최고 의결기 관의 결의에 의하고 재정부에 설정된 예비비 범위 내 에서 추경 결의 한다.

7) 각부서 재정의 책임은 부서장 책임 하에 예산 범위 내에서 집행 하더라도 모든 재정의 최고 책임은 담임 목사가 된다.

8) 가능한 담임목사에게는 재정 집행에 관여 하는 어려움이 없도록 각 부서장이 책임 있고 성실한 관리를 하여야 한다.

9) 누구든지 증빙 없는 지출은 금하며 경우에 따라 "육하원칙"에 의하여 기록된 지불증(부서장확인) 또는 송금증 으로 대신 할 수도 있다.

10) 예산의 통제 시점은 교회회계기준과, 발생주의 원칙에 의한다.

11) 재정부는 매월 결산(회계보고)을 제직회에 보고 한다. 교회 형편에 따라 기간을 조절 할 수 있다.

12) 재무제표는 거래의 이중성, 거래의8요소, 대차평균의 원리, 등 부기원칙(회계원칙)에 의 한다

13) 년 초1월 2째 주 에는 년말 결산재무제표에 의하여 결산보고를 제직회와 공동의 회에 의하여 승인을 받아야 한다. 년말에 예산과 결산처리는 하는 경우가 있는데 이는 회계규정에 맞지 않다.

15) 회계 담당직원은 반듯이 재정 보증인을 세워 하여야 한다.

3. 재정업무 프로세스

1) 년말 각 부서는 사업계획에 의한 예산 신청을 재정부에 한다.

2) 재정부는 각부서 예산 신청를 취합 조정하여 최고의결기관에 심의 의뢰 한다.

3) 최고의결기관은 재정부의 가 결산에 의거한 예산안을 축조심의 하여 예산안을 결의한다.

4) 예산, 결의 시는 전기 이월과 차기이월금은 포함 해서는 안된다.

5) 이때 재정부와, 지회계의 사용할 계정과목을 결정하여 부서 회계교육 시 장부 기록방법과 함께 보고 자료와 장표를 공표 한다.

6) 보조장부 기록법은 차인 형식으로 기록하여 재정의 소진을 파악 할 수 있도록 한다.

7) 회계장부 및 장표는 결산완료 후 지 회계는 재정부에 제출하고 특정자료를 제외하고는 5년간 재무부에서 관리 한 후 폐기 한다.

8) 예산은 회계연도 개시 1월전까지는 성안 되야 하며 회계연도 개시전 10일 까지는 확정 하여야 한다.

9) 각부서는 회계연도 10월 30일까지는 사업계획서(계정과목, 산출기초)를 제출하고 11월15일까지는 예산안을 최고 의결기관에 제출하여 예산안 확정 한다.

10) 감사는 가능한 회계식견이 있는 자라야 하며, 예산외 사용에 대한 충분한 사유 여부를 확인 하여야 한다 감사에 대한 비밀은 보장되어야 한다

4. 회계업무

1) 지출결의 : 지출결의서 결재(회계-부서장), (간사-회계-재무부장)
　　　　　　 전표 : 입금, 출금, 대체,(생략하고 지출결의서로 가름 할 수 있다)

2) 개시장부 : 재무상태표(전년결산기준), 자산, 부채, 자본, 일반(수입, 지출)
　　　　　　 특별(수입,지출), 보조부, (재정-계정)

3) 현금출납 : * 금전의 출납은 "장부기장 후 출납" 원칙을 지킨다.
　　　　　　 * 시재관리, 입금, 출금, 은행입금, 인출, 송금,
　　　　　　 * 현금출납장(계정과목)일반-부서-과목,특별-부서-과목
　　　　　　 * 출납기장과 동시 보조부기장, 주, 월 마감정리 한다.
　　　　　　 * 계약 거래에 의한 자금지출 시 반듯이 계약자 명의로 지출 되어야 하며 계약자와 달리 지불 될 때에는 회계의 문제가 될 수 있다.

4) 장부관리 : 장부의 기장은 출납후로 미루어서는 안되고 정정 시에는 반듯이 붉은 색으로 두 줄을 긋고 그 위에 정정해야하며 향후 감사나 확인을 위하여 화이트를 사용하거나 칼로 긁는 행위는 정직하지 못한 행위로 간주하여 절대 금해야 한다.

5) 증빙관리 : 모든 비용에 대한 지출은 반듯이 증빙이 있어야 하며 50,000원 이상의 거래시는 반듯이 세금계산서를 받아야 하며 특히 건축및 수리로 건설사와의 거래시 부가세 절약이라는 이유로 이면 계약 하는 사례가 있으나 이는 국가가 투명회계를 위해 영수증 주고 받기운동을 전개 하는데 교회가 세속에 빠지는 역행하는 행위이며 엄연한 탈세방조 임을 알아야 한다.

6) 급여관리 : 직원들의 대한 근로소득에 대한 갑근세와 4대보험(산재, 건강 연금, 고용)은 필수 가입하여 향후 사고에 대비 해야하며 국가 시책에 적극 호응 하는 모습이 필요하다.

7) 년말정산 : 헌금필요하고사실과 을 기부금으로 인정하여 교회에서 증명을 발급할 때 대조 확인이 다른 발행은 향후 문제 발생됨으로 주의 하여야 한다.

8) 자산관리 :
 * 토지, 건물, 차량운반구,의 계약근거서류를 보관하고 평가 및 감가상각은 교회 형편 에 따른다.
 * 인계. 인수 및 손, 망실 보고에 의한 자산 관리 를 한다.
 * 자산의 계약시는 반듯이 공정한 계약을 유도해야하며 계약 이행보증과, 선수금 보증과, 하자증권을 계약가의 각각10% 이상의 채권을 확보해야 한다.
 * 계약 시 2인 이상의 공정 타당한 견적의 의하고 투명한 계약을 하여야 한다.

계정과목 해설

회계종류

    일반회계 : 예산서기준, (특별회계와 가수금 발생 및 반제 개념)

    특별회계 : 재무상태표기준, (일반회계와 가지급금 발생 및 환입 개념)

        * 목적 헌금에 대한 사용 제한에 중점.

1. 손,익 (수,지) 계정

    수입 : 일반회계, 특별회계

    지출 : 재정부와 지회계의 계정과목은 가능한 통일 한다.

2. 대차대조표 계정

    자산 : 현   금 : 현금 출납 상 시재확인, 500,000정도의 소액 자금은 업무상 가지
                  급금(전도금) 으로 사용 할 수 있다.

           예 · 적 금 : 보통(일반, 특별) 정기예금(일,특), 정기적금(일,특), 기타 모든 예금
                  은 당회장의 인감으로 한다.

           가 지 급 금 : 일반회계, 일시가불(24시간 내 처리 원칙),

           대   여   금 : 교육자전세금, 장기대여금,(대여금약정서 수취), 기타 대여

           지급보증금 : 전세, 월세보증금

           토지,구축물 : 자산의 취득, 가격, 구입처, 연월일과 수리기록 하여 자산에 대한
                  장기 사용에 대비 한다.

           소   모   품 : 자산의 내용년 수와 가격에 따라 소모 품처리 할 수 있다.

           기   타 : 악기, 차량운반구

    부채 : 외상매입금 : 물품대 미지급

           가수금 : 특별회계, 기타자금차입,

차　입　금 : 은행차입금, 차입과목, 차입처, 차입일, 만기일, 이율, 담보

예　수　금 : 갑근세, 4대보험,

퇴직충당금 : 직원 및 교역자

기　본　금 : 기본금 : 적립금, 잉여금 처분은 당회 결산 보고 시 에 의한 결의 후 처리 한다.

3. 재정 감사사항 :

현재사용중인 교회 조직표와 회계 장표 수집 요청 등 으로 현황을 파악 한다.

교회회계기준.교회감사기준, 사업계획서(부서), 예산서(재정), 결산서(재정,지회계), 재무상태표, 일반회계, 특별회계, 지출결의서, 계정과목, 전표(분개), 현금출납장, 보조부(차인 형식), 일(주)계표(시재표), 월 회계보고서(수지표). 제반 증빙의 신뢰성 검토, 결재 유무.

경영컨설턴트 안주백 장로

교회회계기준

교회회계기준 개요

목표

-. 교회의 통일된 회계 기준에 의한 예산, 회계, 결산, 계약, 재산, 감사 업무의 모든 절차를 준수한 재정 관리로 재정의 정직성과 투명성, 계속성을 보장하며 효과적이고 효율적인 교회 건전 재정 관리를 통하여 교회의 성공적인 복음, 선교사역에 크게 기여 할 것을 목표로 함.

배경

-. 정기 인사에 의한 부서장 교체로 업무 계속성 미흡

-. 회계의 경험이 적은 부서장의 업무 미흡

-. 교회 회계 담당 직원에 의존

-. 단순 관습에 의존함으로 개선의 의지 약함

-. 생활 회계 상식에 의한 개인 의견의 개입

-. 용어, 서식 등 교회 실정에 맞게 재구성

-. "교회부서회계기준" 제정 활용

-. "교회감사기준" 제정 활용

교육

-. 매년 정규 교육 실시로 업무 숙지

-. 교회 재정업무 담당자, 재정부서장, 예산위원장, 제직회 회계, 감사기관 부서 회계, 감사, 서무부장, 신입목사, 장로

-. 협의회 회계 담당은 담당자 선임 후 협의회 회계기준 교육 실시

제 1 장 총칙

제 1 조 (목적)

본 회계 기준은 교회의 사업을 적절히 집행하는데 관련된 예산과 회계 및 계약, 재산 관리, 감사를 규정함으로써 재무관리를 확립하고, 전반적인재정운영을 체계화하여 선교, 교육, 봉사를 균형 있게 운영, 투명하게 보고하며 회계정보의 유용성을 제고 하는데 그 목적이 있다.

제 2 조 (적용범위)

교회의 경상수지와 자본수지를 회계 처리함에 있어 특별히 정한 규정을 제외 하고는 본 회계 기준을 준수 한다.

제 3 조 (회계 연도)

교회의 회계 연도는 매년 1월 1일부터 12월 31일까지로 한다.

제 4 조 (회계 관습의 존중)

교회의 예산집행과 회계처리 및 감사 등에 관하여 본 회계 기준에서 정한것 외에는 일반적인 회계 관습에 따른다.

제 5 조 (용어의 정의)

1. 경상수지라 함은 일반적인 현금 수입과 지출을 말한다.
2. 자본수지라 함은 경상수지이외에 특정 목적의 자산, 부채, 기금 등의 거래를 말한다.
3. 재무상태표라 함은 회계 연도 말일 시점의 재무상태를 파악하기 위한 기준을 말한다.
4. 예산이라 함은 한 회계 연도의 자금수입과 지출의 용도를 명시한 자금 수지 예산서를 말한다.
5. 기본금이란 총자산에서 총부채를 차감한 순자산을 말한다.

6. 적립금이란 교회사업 목적을 위하여 설정함을 말한다.

7. 잉여금처분이란 경상수지 차액을 공동의회의 승인을 받아 기본금의 전입, 차입금 또는 특정 적립 등으로 처분함을 말한다.

제 6 조 (회계책임)

회계 관련자는 회계에 식견과 경험이 있는 자로서 성실하고, 정직하며, 공정하여야 하고, 상근 직원일 경우 신원보증법에 의한 신원, 재정 보증관계를 설정하여 봉사에 흠이 없어야 한다.

제 7 조 (서류보존)

재무회계에 관한 장부 및 서류는 작성일이 속하는 사업 연도로부터 5년간 보존함을 원칙으로 하고, 특별한 경우 연장할 수 있으며 재무상태표는 영구 보존하여야 한다.

재 8 조 (수입의 예입 및 증빙)

교회의 모든 수입은 특별한 사정이 없는 한 교회가 지정하는 은행예금 계좌에 전액 입금후 인출 사용하며, 지출시 증빙에 의한 직접지출 또는 상대방의 은행계좌로 송금함을 원칙으로 한다.

제 9 조 (회계년도의 소속구분)

수입과 비용 등의 인식은 그 원인 사실이 발생된 날 또는 실현된 날을 기준으로 하여 연도 소속을 구분 한다.

제 2 장 예산

제 1 절   예산총칙

제 10 조 (예산총계주의 원칙)

모든 거래는 예산에 나타내야 하며, 상계하여서는 안된다.

제 11 조 (자금수지 편성요령)

당회장은 매 회계 연도 개시 3개월 전까지 교회 및 기관의 예산편성 지침을 시달하고, 당회는 이에 따라 예산편성 요령을 정하여야 한다.

제 12 조 (자금수지 예산의 결정)

교회의 예산요령이 정해지면 예산위원회는 매 회계 연도 개시 1개월 전 까지 예산안을 성안하여 제직회와 공동의회의 승인으로 매 회계연도 개시 10일 전까지 확정 한다.

제 13 조 (계속비와 예비비)

1. 계속비는 교회의 장기계획 사업으로서 경비의 총액과 연부 액을 공동의회에서 결의된 범위 내에서 운영하며 연한은 5년 이내로 한다.
2. 예비비는 예측 할 수 없는 예산 외 지출에 충당하기 위한 것으로 교회 는 예비비로서 상당 하다고 인정하는 금액을 세출예산에 계상하여야 한다.

제 14 조 (명시 이월비)

지출예산 중 경비의 성질상 회계 연도 내에 그 지출을 끝내지 못할 것이예측될 때에는 그 취지를 수입, 지출예산에 명시하여 미리 공동의회의 승인을 얻어 다음 연도로 이월하여 사용할 수 있다.

제 2 절 예산의 편성

제 15 조 (예산안 편성지침)

1. 교회 재정부장은 예산편성지침을 각 부서장에게 시달하고 당회 심의를 거쳐야 한다.
2. 각 부서장은 시달된 예산안 편성지침에 따라 다음 연도 수입지출 예산, 계속 비, 명시 이월비에 대한 예산요구서를 작성하여 10월말 재정부장에게 제출 하여야 한다.
3. 재정부서는 예산 신청을 신중히 검토하고, 일률적인 증감 조정보다는 경우에 따라 영점기준의 예산 심의도 할 수 있어야 있다.

제 16 조 (예, 결산 일정표)

교회 공천, 예산, 결산, 감사 일정은 다음과 같다.

9월 : 9월말 당회 공천, 예산위원 선정 발표

10월 : 10월초 재정부 예산편성지침 및 요령 시달
       10월중 각 부서 임시(회칙, 인선) 총회 실시
       10월말 각 부서 가결산과 사업계획 및 예산요구서 제출

11월 : 11월초 재정부서 가결산과 함께 예산 편성 준비 완료
       11월중 예산위원회 심의
       11월말 당회 예산안 결의

12월 : 12월초 제직회 예산안 승인
       12월중 공동의회 예산안 승인
       12월말 교회 재정 및 부서 협의회 등 장부 마감 완료

1월 : 1월중 교회 전체 부서별 감사 실시 및 감사보고

기관별 정기(결산)총회 실시

1월말 당회 감사 의견제시, 결산보고(잉여금 처리 보고) 결의

2월 : 2월초 제직회 결산 회계 보고 승인

2월중 공동의회 결산 보고 승인

제 17 조 (추가 경정 예산)

1. 교회의 각 부서장 및 재정부장은 예산 성립 후에 생긴 사유로 인하여 이미 성립된 예산을 변경할 필요가 있을 경우 추가 경정예산 안을 편성하여 당회와 제직회의 승인을 얻어야 한다.

2. 추가경정 예산은 가능한 한 결의된 예산 범위를 지킬 수 있도록 신중을 기하여 편성하여야 하며, 재발 방지를 위한 노력과 함께 예비비 및 수입 범위 내에서 편성 하여야 한다.

제 3 절 예산의 집행

제 18 조 (예산의 목적 외 사용금지)

본 교회 각 부서장은 지출예산을 정한 목적 이외의 경비로 사용하거나 예 산이 정한 각 조직, 관, 항에 상호 이용할 수 없다. 다만 조직의 변경 또는 폐지 등으로 인하여 그 직무와 권한에 변동이 있을 때에는 제직회의 심의를 거쳐 그 예산을 상호이용 및 이체 할 수 있다.

제 19 조 (세출 예산의 이월)

매 회계연도의 지출예산은 다음연도에 이월하여 사용할 수 없다. 다만 지 출예산 중 명시이월비의 금액 또는 연도 내에 지출원인 행위를 하고 불 가피한 사유로 인하여 연도 내에 지출하지 못한 경비와 그 부대경비의 금액은 다음연도에 이월하여 사용할 수 있다

제 20 조 (예비비의 사용)

예비비는 재정부장이 관리하며 각 부서장은 예비비의 사용을 필요로 할 경우에 그 이유 금액과 추산기초를 명백히 한 내역을 당회와 제직회에 제출하여 승인을 받아야 한다.

제 21 조 (예산 통제)

교회는 예산과 집행부서를 분리 운영하고, 예산통제는 금전통제를 원칙으로 하되, 필요에 따라 사업 관, 항, 목, 물량 단위로 통제할 수 있다. 다만 관례적인 지출 과 예산 외 지출에 대하여는 당회에 협의 후 집행하고, 부장 임의 지출은 통제 되어야 하며, 예산의 통제시점은 발생주의로 함을 원칙으로 한다.

제 22 조 (예산 집행과 월차 보고)

1. 예산집행자는 예산의 목적 및 관련 제 규정을 준수하고, 예산과 실적을 분석하여 목적 달성에 최선을 다해야 한다.
2. 예산집행자는 매 월차 예산 집행 수지결산서를 작성하여 제직회에 보고하여야 한다.

제 23 조 (특정 목적 사업 예산)

공사나 기타 특별한 사업을 위하여 장기간 재원을 조달할 필요가 있을 때에는 일정액을 예산에 계상하여 특정사업적립금으로 적립할 수 있다.

제 3 장 회계

제 24 조 (일반원칙)

교회의 회계는 다음 각 호에 따라 처리하여야 한다.

1. 회계처리 및 보고는 신뢰할 수 있도록 객관적인 자료와 증거에 의하여 공정하게 처리하여야 한다.

2. 재무상태표는 정규 부기원칙에 따라 행하여야 한다.

3. 재무상태표는 표시될 자료와 정보는 진실한 것이어야 한다.

4. 회계처리 과정에서 2가지 이상의 선택 가능 방법이 있는 경우에는 재무적 기초를 공고히 하는 관점에 따라야 한다.

5. 회계처리와 과목금액은 충분히, 중요성에 따라서, 실용적인 방법으로 결정 한다.

6. 재무상태표의 양식 및 과목용어는 이해하기 쉽도록 간단명료하게 표시해야 한다.

7. 회계처리기준 및 절차는 매기 계속하여 적용하고 정당한 사유가 없는한 이를 변경하여서는 아니 되며, 기간별 비교가 가능하도록 하여야 한다.

8. 수익사업회계는 기업회계 기준에 의하여 처리 한다.

제 25 조 (회계 관리)

교회는 회계의 기초, 장부와 전표 기록법을 표준화하여 사용하고, 매년 회계 담당자들에게 통합 교육을 실시함으로써 통일된 회계 관리를 지속적으로 유지하여야 한다.

제 26 조 (회계 기록 방법)

회계기록은 정규 부기원칙에 따르고, 발생주의 원칙을 준용하며, 복식회계 방식에 의여 할수 있다.

제 27 조 (회계 장표와 계정과목)

1. 회계장부와 전표, 계정과목은 적정하고, 이해하기 쉽게 작성하며, 잡비계정 항목은 최대한 축소 하거나 설정하지 아니 한다.

2. 계정과목, 예산과목 분류표, 예산대수지계산서 과목해설, 재무상태표과목해설을 준용하되,교회실정에 맞게 책정 한다.

제 28 조 (예산 범위 외 요청)

각 부서 책임자는 책정된 예산 범위 내에서 재정부에 비용을 요청하고, 만일 예산 범위를 넘는 비용을 청구할 경우에는 당회와 제직회의 승인을 얻어야 한다.

제 29 조 (예산집행 방법)

각 부서는 예산 지출 기준의 통일성을 기하기 위하여 부서별 규정을 둘수 있으며, 부서별 규정 제정 또는 개정 시에는 당회의 승인을 얻어야 한다.

제 30 조 (재정관리의 권한과 책임)

각 부서의 재정관리 책임은 부서장에게 있으며, 예산 범위내에서 집행 해야한다. 모든 출납 행위는 재정부 회계에서 담당하며, 재정 최고 책임자 담임 목사와 각 부서장은 선량한 관리자의 주의 의무를 다하여 재정을 관리하여야 한다.

제 31 조 (사용인감)

모든 예금은 당회장 또는 부서장의 사용 인감으로 한다.

제 32 조 (통일된 회계기록 유지)

재정부는 통일된 회계기준으로 재정 지원부서와 자치기관에게 통일된 회계 기록 방법을 하달하며, 향후 이를 감사의 기준으로 삼을 수 있다.

제 33 조 (헌금 계수 확인)

헌금 계수는 가능한 최소 인원으로 하고, 계수 완료 후 계수 책임자와 회계, 재정부장이 함께 서류에 서명하거나 날인하고, 계수 현황에 관한 사항에 대해서는 비밀을 유지하여야 한다.

제 34 조 (현금 과부족 처리)

헌금 계수액과 회계담당자의 현금 잔액 간에 과, 부족이 발생할 경우에는 과, 부족 계정을 사용하여 회계의 투명성을 유지해야 한다.

제 35 조 (지출 결의서)

지출결의서는 육하원칙에 따라 상세히 기재하여야 하며, 지출 전후에는 정산과 함께 증빙서류를 첨부하여 보고하여야 한다.

제 36 조 (지출과 증빙)

금전 출납담당자는 지출 증빙서류를 확인, 수령한 후 지출하여야 한다. 단 부득이 한 사유로 인하여 증빙서류가 없을 경우에는 부서장이 육하원칙에 따라 작성한 지불증으로 증빙서류를 대신 할 수 있다.

제 37 조 (외화 및 현물)

외화나 헌금은 당일 시세로 환산하여 수입을 잡아 기록한 후 지출 처리 한다.

제 38 조 (약속 헌금)

약속헌금은 회계 장부에 미수 헌금으로 관리하되, 별도로 표기 할 수 도 있다.

제 39 조 (가수금과 가지급금)

가수금과 가지급금 발생은 가능한 한 억제하되, 부득이 한 사유로 발생할 경우 신속하게 회계 처리하여야 한다.

제 40 조 (협찬비 등의 계정과목)

교회 위상과 관련된 접대성 비용, 광고, 협찬지원비 등에 대한 계정과목 은 국, 내외 선교비와 구분하여 회계처리 할수 있다 한다.

제 41 조 (부채)

모든 부채는 사실대로 빠짐없이 계상하여야 하며 장래의 지출이 확실히 추산 되거나, 지출 원인 행위가 이루어져 합리적으로 계상되는 채무는 부채로 계상하여야 한다.

제 42 조 (회계보고)

재정부는 매월 예산에 대한 집행을 일반회계와 특별회계로 구분하여 증감, 비교 사항 을 제직회에 보고하여야 한다,

제 43 조 (원천세 예수금)

직원들의 급여에 대한 예수금은 매월 세무서에 보고 하여야 한다.

제 44 조 (4대 보험)

교회는 특별한 사정이 없는 한 직원들에 대한 4대 보험에 가입하고, 장래 불의의 사 고 등에 대비하여 보험도 들 수 있다

제 45 조 (기부금 영수증 발급)

교인들로부터 헌금 내역에 대한 기부금 영수증 발급을 요청받을 경우 재정 부장 확인 후 발급대장에 기록하고 발급하여야 한다.

제 46 조 (수입이자의 환급)

교회 예금에 대한 이자 수입 시 공제 되는 소득세는 이자 수입금으로 특별 회계 처리 하고 다음 해에 세무서에 신고하여 환급 받을 수 있다.

제 47 조 (지출 결의 시 금액 특정)

당회는 재정지출 결의 시 계정대체 등 특별한 경우를 제외하고는 지출할 금액을 특정하여야 한다.

제 48 조 (원리금 처리)

차입금에 대한 예산과 결산은 원금(부채)과 이자(비용)를 구분하여 처리 한다.

제 49 조 (보험금 처리)

각종 보험은 종류별로 적립형(자산계정)과 소멸형(비용계정)으로 구분하여 관리하고, 계약기간 갱신과 만기 시 환급 등을 관리 할 수 있도록 장부에 기록하며, 환급금의 수입은 (자본계정) 특별회계 수입으로 처리하여야 한다.

제 50 조 (결재)

재정에 관한 결재는 각 부서회계, 부서장, 경리담당, 제직회계, 재정부장 순으로 한다. 단 협조부서가 필요할 때 에는 협의할 수 있다.

제 4 장 결산

제 51 조 (결산마감)
재정부장은 회계마감 후 장부의 원장과 보조장이 재무상태표, 일반회계보고서, 특별 회계보고서를 통하여 일치하는지 여부를 대조하는 방법으로 결산 마감 상태를 확인 하여야 한다.

제 52 조 (결산 이월금)
결산 이월금은 본 회계에 이관함을 원칙으로 한다. 다만 경비의 성질상 연내에 그 지출을 끝내지 못할 것이 예측될 때에는 제직회의 승인을 얻어 이월하여 사용 할 수 있다.

제 53 조 (잉여금의 처분)
잉여금에 대하여는 익년 1월 임시 당회의 결의에 의하여 처리하고, 특별회계나 잉여금 계정으로 처리하며, 제직회와 공동의회에 보고 한다.

제 54 조 (퇴직 적립금)
교역자와 직원에 대한 퇴직금은 매년 예산 시 계상 하여 세우고, 결산시 퇴직금 적립금으로 적립하여 예금 관리하며, 다른 용도로 사용할 수 없다.

제 55 조 (은행거래 현황 및 잔액증명)
은행의 차입금 및 예금은 결산 시 은행 거래현황과 잔액 증명을 구비해야 하며, 분기별로 확인하여 이자 등을 기록, 관리하여야 한다.

제 56조 (자산 부채 명세)
1월 결산 당회 보고 시 재무상태표와 함께 일반 대여금과 가지급금, 교역자 사택 임차 보증금, 차량 보증금, 외부 대여금 등 자산 부채 계정에 관한 명세를 보고하여야 한다.

제 57 조 (재무상태표)

1. 재무상태표는 자산, 부채, 기본금, 적립금, 잉여금(부족금)으로 구분하고, 자산 은 유동자금, 기타 유동자산, 고정자금 및 투자 기타 자산과 유형자산으로 나누며, 부 채는 유동부채와 고정부채로 나누되, 분류기준은 일반적으로 인정된 회계관습에 따른다.

2. 재무상태표의 가액은 총액으로 하여야 하고, 상계 하여서는 아니 되며, 전부 또는 일부를 제외하여서는 아니 된다.

제 58 조 (결산 보고)

월간 결산보고는 매월 하는 것을 원칙으로 할 수 있으며, 연간 결산보고는 익년 2월 첫째 주에 보고함으로써 가 결산 상태에서 당해 연도 12월 중에 결산 보고 하는 일이 없도록 하여야 하고, 익년 2월 둘째 주 까지 공동의회에 승인을 얻어야 한다.

제 59 조 (예, 결산 차이 분석)

예산과 결산 간에 차액이 많이 발생할 경우에는 그 원인을 분석하여 차기 예산에 반 영함으로써 재정의 건전성을 유지하여야 한다.

제 5 장 계약

제 60 조 (계약의 원칙)

계약은 상호 대등한 입장에서 체결하여야 하며, 계약은 신의성실의 원칙에 따라 이행되어야 하는 것이므로, 계약 체결 시 계약상의 이익을 부당하게 제한하는 특약 또는 조건을 정하여서는 아니 된다.

제 61 조 (계약 방법)

1. 교회의 계약은 지명경쟁 계약 또는 수의계약에 의한 경우를 제외하고는 공고 하여 일반경쟁 입찰 방법에 의한다.

2. 지명경쟁에 붙일 사항
   ① 추정가격이 5천만 원 이상 1억 원 미만인 공사 또는 제조인 경우
   ② 추정가격이 2천만 원 이상 3천만 원 미만인 재산의 매각 또는 제조인 경우
   ③ 예정임대료나 임차료의 총액이 3천만 원 이하인 물건을 임대하거나 임차할 경우

3. 수의 계약에 붙일 사항
   ① 공사의 경우 추정가격이 5천만 원 미만인 경우
   ② 물품의 제조 · 구매 · 용역 기타 계약의 경우 추정가격(임대차의 경우에는 연액 또는 총액기준)이 2천만 원 미만인 경우

4. 제1항 내지 제3항의 규정에 불구하고 계약의 목적 · 성질 등에 비추어 일반경쟁 계약에 의할 수 없거나, 일반경쟁 계약에 의하는 것이 현저하게 불리하다고 인정되는 사유가 있는 경우에는 지명 경쟁계약 또는수의계약에 의할 수 있다.

5. 지명입찰일 경우 참가자를 최소한 3명 이상 지명하여 경쟁에 붙여야 한다.

6. 입찰공고는 교회 홈페이지, 교계 신문 또는 일간신문에 공고하되, 공고기간은 개찰기일의 전일부터 기산하여 10일 이전에 하여야 하며, 공사입찰의 경우 현장설명일 전일부터 기산하여 7일 이전에 공고하여야 한다. 단 긴급을 요하는 경우에는 개찰일 전 5일까지 공고하되, 지명입찰은 게시공고로 갈음할 수 있다.

7. 유찰 시에는 2회 이상 재입찰하여야 한다. 다만 낙찰자가 없을 때와 낙찰자가 계약을 체결하지 아니할 때에는 수의 계약을 할 수 있다.

8. 수의계약은 제1항 및 제6항 단서의 경우와 제3항의 계약금액 이하로 계약을 하고자 할 때에는 2인 이상으로부터 견적서를 받아야 한다. 단 거래 단위 50만원 이하의 일상 소모품에 대해서는 견적서를 생략할 수 있다.

9. 모든 계약은 당회장 명의로 체결 한다.

제 62 조 (경쟁입찰에 있어서 낙찰자 결정)
다음 각 호의 1의 기준에 해당하는 입찰자를 낙찰자로 한다.
1. 충분한 계약이행 능력이 있다고 인정되는 자로서 예정가격 이하 최저가격으로 입찰한 자

2. 입찰공고 또는 입찰설명서에 명기된 평가기준에 따라 교회에 가장 유리하게 입찰한 자

제 63 조 (계약서의 작성)
계약을 체결하고자 할 때에는 계약의 목적, 계약금액, 이행 기간, 계약 보증금, 위험부담, 지체상금, 기타 필요한 사항을 명백히 기재한 계약서를 작성하여 한다. 다만 계약금액이 매우 적고 성질상 계약서의 작성이 필요하지 아니한 경우에는 계약서 작성을 생략할 수 있다.

제 64 조 (예정가격 결정과 비치)

1. 계약담당자는 경쟁 입찰에 붙일 사항의 가격을 당해 사항에 관한 규격서, 설계서 등에 의하여 결정하고, 그 예정가격을 밀봉하여 개찰 장소에 두어야 하며, 예정가격을 누설하여서는 아니 된다.

2. 예정가격은 계약을 체결하고자 하는 총액으로 결정하여야 한다.

3. 예정가격의 결정기준은 다음과 같다.
   ① 적정한 거래로 형성된 경우 거래 실제 가격
   ② 특수성으로 인하여 거래 실제가격이 없는 경우와 대량구매 거래 실제가격이 적당하지 아니한 경우에는 원가계산 가격에 의한다.

제 65 조 (물가 변동으로 인한 계약금액의 조정)

예정가격을 기준으로 계약을 체결하였는데, 산출 내역에 포함되어 있는 품목의 가격 변동으로 인하여 당초 예정가격에 비하여 가격이 10% 이상 증감되었다고 인정될 때에는 거래 실제가격을 조사하여 당해 계약금액을 조정할 수 있다. 다만 계약의 이행 기간이 120일 미만인 경우에는 그러하지 아니 한다.

제 66 조 (검사)

계약 담당자 또는 지명자는 계약상대자가 계약이행을 완료할 때에는 계약서, 설계서, 기타 관계서류에 의하여 계약의 이행 여부를 검사하고, 그에 대한 검사조서를 작성하여 보고하여야 한다.

제 67 조 (하자보증금 및 검사)

1. 하자보증금은 당해 공사의 준공검사 후 그 대가를 지급하기 전까지 납부하여야 한다.

2. 계약상 하자담보 책임기간이 있는 경우에는 연 2회 이상 정기적으로 하자 발생 여

부를 검사하되, 검사에 있어서 전문적 지식이나 기술이 필요한 경우에는 전문가에게 그 검사를 의뢰할 수 있다.

제 68 조 (대가의 지급)

공사, 제조, 매입 계약에 있어서 제 66조 검사를 완료하고 검사조서를 작성할 경우에는 이에 의거하여 대가를 지급하여야 한다.

제 69 조 (증빙수취)

교회는 계약 내용대로 계약서를 작성하고 결재 시, 세금계산서 등 증빙 서류를 계약자와 직접 수수 하여야 한다.

제 70 조 (위험부담 조항)

계약 체결 시 신중하게 계약원칙과 계약방법에 대한 기준을 세우고, 계약 이행, 대금 지급에 대한 영수행위, 지체보상, 추가공사, 감리, 하자보증 등 장래 위험부담에 대한 조항을 명기하여야 한다.

제 71 조 (준용)

계약상 제 보증금 및 지체상금 등에 관한 사항은 일반 거래 관행에 따른다.

제 6 장 재산관리

제 72 조 (재산의 명의)

교회 부동산으로 등기, 등록, 기장(이하 "등재")되는 모든 재산은 유지 재단 또는 교회 명의로 한다.

제 73 조 (재산에 대한 결의)

1. 교회의 부동산은 노회유지재단 이사회 및 교회 당회에서 정하는 바에 따라 관리 운영 한다.

2. 교회의 중요 부동산에 대한 처분내용의 변경 또는 기재 등 중요사항은 당회의 결의를 거쳐야 한다.

3. 기타 고정자산은 당회 결의를 거쳐 회계가 집행 한다.

제 74 조 (재산관리)

1. 교회의 부동산 중 노회유지재단 명의로 되어 있는 것은 노회유지재단의 협조를 얻어 당회장의 책임 하에 관리하고, 교회 명의 부동산과 기타 고정 자산(집기 비품, 차량, 투자 기타 자산)은 당회장 책임 하에 관리하며, 모든 고정자산은 재산대장에 등재하여야 한다.

2. 고정자산은 다음 각 호에 의하여 적절히 관리하여야 한다.
   ① 건물에 대하여는 화재보험에 필히 가입하여야 한다.
   ② 부동산의 소유권과 전세권에 대하여는 소정의 등기를 한다.
   ③ 차량에 대하여는 종합보험에 가입하여야 한다.
   ④ 투자자산에 대하여는 수익성 및 안정성을 고려하여 적절히 운영하여야 한다.

제 75 조 (재산관리대장 비치)

1. 재산대장은 다음과 같이 비치하여야 한다.
   ① 자산 총괄 대장
   ② 재산개별대장과 부서별 대장
   ③ 토지, 건물도면
   ④ 관련 권리증, 등본, 연도별 대장 및 부속서류

2. 집기비품은 부서별 품목별 일련번호를 부여하고, 비품대장에도 등재하여야 하며, 연 1회 이상 재고실사를 하여 보고하여야 한다.

3. 교회의 당회장 및 회계가 교체될 때에는 즉시 인수, 인계 한다.

제 76 조 (소모품관리)

소모품을 구입하였을 때에는 즉시 그 품목별, 규격별 수량 등 필요한 사항을 검사한 후, 소모품 수불부에 기록 정리하고 사용하여야 한다.

제 77 조 (불용품)

재산 중 노후, 훼손, 사용가치의 상실, 또는 기타 불필요 하다고 인정된 자산에 대하여는 재산관리 책임귀속에 따라 교회당회 결의를 거쳐 회계 책임 하에 매각 또는 폐기처분하여야 한다.

제 78 조 (변상책임)

보관담당자는 고의 또는 과실로 보관 물품을 망실하거나 훼손하였을 경우 적절한 가격으로 변상하여야 한다.

제 79 조 (교회 자산. 비품 등)

교회 자산에 대하여는 종류별로 대장을 작성하여 최초 취득 시 자산취득 내용을 기록 비치하고, 수리, 사용부서의 인계, 인수 및 손, 망실 등 사유가 발생 할 때마다 기록부에 기록하며, 결산 시 자산 실사 결과를 당회에 보고한다. 취득원가는 부대 발생 비용을 포함하여 기록하고 자산의 평가, 감가상각등은 생략 할 수도 있다.

제 80 조 (화재보험가입)

건물 및 주요 자산 및 시설에 대하여는 화재보험에 가입하여야 한다.

제 81 조 (계약관련 서류보관)

건축물, 전기, 수도, 난방 등의 시설에 대하여는 해당 시설을 할 당시의 원천 자료를 대장에 기록하고, 관련 설계도면과 계약 관련서류를 보관관리함으로써 유사시 관리에 활용할 수 있도록 한다.

제 7 장 감사

제 82 조 (감사의 목적)

교회회계와 업무의 감사 목적은 감사대상 재무상태표가 교회의 재무상태와 수지성, 재무정보를 교회의 회계기준에 따라 적정하게 표시함으로써 회계의 신뢰성을 제고하고, 이용자에게 교회 실체에 대하여 올바른 판단을 할 수 있도록 함에 있다.

제 83 조 (감사의 적격성)

감사(監事)는 회계와 감사에 대한 경험이 있는 전문적인 지식과 기법을 구비한 자라야 한다.

제 84 조 (회계감사대상)

회계감사는 교회 재정부는 물론 지 협의회 회계 및 찬조금에 이르기까지 교회 소속 모든 회계가 대상이 된다.

제 85 조 (독립성과 신의, 성실)

1. 감사(監事)는 독립의 정신을 견지하고 편견을 배제하며, 공정하게 업무를 수행할 수 있어야 한다.

2. 감사(監事)는 선량한 관리자의 주의의무를 다하여 업무를 수행하여야 하고, 감사 중에 취득한 사항을 누설하거나 다른 목적에 이용하여서는 아니 된다.

제 86 조 (감사계획)

1. 감사는 조직적이고 효율적으로 감사 업무를 수행하기 위하여 전반적인 감사계획과 세부 감사계획을 수립하여야 한다.

2. 감사계획에 따라 감사항목 별로 내부통제제도, 거래기록 및 계정잔액에 대한 감사절차를 구체적으로 표시하여야 한다.

제 87 조 (감사절차)

1. 내부통제제도의 감사절차는 교회사업 활동을 대표할 수 있는 다음의 중요 거래 유형 별로 내부통제제도의 파악, 검토, 평가 절차로 구하여 수행 한다.

   현금과 예금거래
   · 수입과 매입거래
   · 고정자산 거래

2. 거래기록의 감사절차는 모든 거래가 허위나 누락이 없는 진실한 것이고, 또한 그 기록이 적정하게 처리되었나를 확인하기위한 중요 거래의 조사를 말한다(거래의 개관을 통하여 비정상적 거래의 확인, 거래기록의 시사, 특수한자와의 거래 등). 거래기록의 검사 결과가 만족스럽지못하다고 판단될 때에는 정사에 의하여 계정잔액 감사를 실시하거나 감사 수행의 계속 여부를 결정하여야 한다.

3. 계정잔액의 감사절차란 그 범위를 내부통제제도와 거래기록의 감사 결 과 평가에서 얻은 신뢰성, 중대성, 부정과 오류가 내포될 가능성 등을 고려하여 결정한다.

4. 계정잔액 감사 개요
   가) 전기와 당기의 기말 잔액을 비교하고, 증감요인을 분석하여 계정 잔액의 합리성 여부를 검토 한다.

   나) 계정마감이 적정한지 여부를 검증 한다.

   다) 계정명세서를 검산하고 보조부, 총계정원장 및 재무상태표의 해당 금액과 일치하는지 여부를 대조 확인 한다.

   라) 결산마감 직전, 후의 거액거래를 개관하여 분식거래의 포함 여부를 검토 한다.

마) 계정잔액 실재성, 타당성 또는 합리성을 확인한다.

바) 재무상태표일과 감사보고일까지 발행한 거래와 사건 중에서 중요한 영향을 미치는 사항 확인

사) 회계처리방법과 재무상태표 표시 방법의 적절성을 검토 한다.

아) 전기말 잔액의 이월의 적정성을 확인 한다.

5. 계정잔액의 중요한 감사절차
   가) 현금과 예금
      현금과 예금 잔액을 실사 또는 조회하여 그 실재성을 확인한다.
      현금잔액에 포함된 통화대용증권(우표 및 기타)의 유효성을 검토한다.
      관련 수입이자의 계상이 정확한지 검토 한다.

   나) 유가증권
      보관중인 유가증권을 실사하고, 기중 증감내용이 적정한지 검토한다. 수입이자와 배당금의 계산을 검증 한다.

   다) 기타 유동자산
      채권에 대하여 회수 가능성을 조사하고, 필요시 직접 조회하여 확인 한다.

   라) 고정자산
      고정자산의 실재성과 필요시 소유권을 확인한다. 평가방법의 타당성 계속 적용 여부를 검토 한다.
      취득가액 및 처분액의 타당성을 검토 한다.

   마) 부채

명세서를 검토하여 적정한지 확인한 후 필요시 직접 채권자에게 조회 하는 방법
으로 확인 한다.

증빙서를 검토한다.

지급이자 계산의 적정성을 검토 한다.

우발채무가 있는지를 검토 한다.

바) 수입

수입의 인식기준 및 기간귀속의 적정성을 검토 확인 한다.

수입누락이 되었는지 관계증빙을 검토 조사한다.

기간별로 비교 분석하여 수입의 개관을 한다.

사) 비용지출

계정분류의 적정성 여부를 검토하고, 비정상적인 거래에 대하여는 증빙 대조에
의하여 그 타당성을 검토 한다.

아) 교회회계 외 구분 경리하는 찬조금에 대하여도 감사를 실시하여 회계의 투명성
과 향후 예산관리에 참고하도록 하여야 한다.

제 88 조 (감사 서류 보관)

감사는 합리적인 감사를 실시하였음을 명백히 하기 위하여 감사 업무 수행 중에 수집
하거나 작성한 서류 중 감사 의견 형성의 주요 근거가 되는 서류를 보관하여야 한다.

제 89 조 (감사보고서)

1. 감사 종료 날짜를 기준으로 하여 감사보고서의 내용은 수신인, 감사범위 문단, 감
사의견 문단, 감사보고일, 감사의 서명 날인으로 구성하여 작성 한다.

2. 지적사항이 있을 경우에는 시정계획을 첨부하여야 한다.

제 90 조 (감사보고)

감사(당회대표, 제직대표, 평신도대표)는 중간 감사와 결산 감사를 실시하여 결산보고와 감사보고를 공동의회에 보고함으로써, 재무에 관한 제반 업무를 신뢰할 수 있고 합법화를 기 하도록 하여야 한다.

제 91 조 (당회의 감사의견)

재정부장은 연말 결산 당회 보고 시 감사와 함께 감사 의견을 제시 하여야 한다.

제 8 장 부서회계기준

제 1 절 총칙

제 1 조 (회계기준)

교회 내 협의회 및 부서의 사업을 적절히 집행하는데 관련된 예산과 회계의 집행을 규정함으로 사업운영의 원활함을 기하고 투명한 회계 정보의 유연성을 제고 하는데 목적이 있다.

제 2 조 (회계의 장부)

재정부 표준화된 회계 지침에 따른다.

1. 협의회 회계란

   재정부 회계 외 제직회 및 협의회, 선교회, 및 연합회, 장로회, 안수집사회, 권사회, 찬양대, 교회학교, 등을 칭 한다.

2. 교회 재정 지원 외 부서별 "기타 보조금" 수입에 대하여는 교회 재정과 구분 하여 회계 처리를 하여야 한다.

3. 장부의 기록과 예금현황은 년2회 이상 부서장이 확인 하여야 한다.

제 3 조 (회계년도)

협의회 회계 년도는 매년1월1일부터 12월31일 까지로 한다

제 4 조 (회계처리)

회계처리는 당일 증빙 확인과 함께 장부 기록을 완료하고, 가능한 입금은 당일 전액 은행에 입금 처리함을 원칙으로 한다

제 5 조 (통장 명의)

부서장 명의와 사용인감으로 하여 처리 한다.

제 6 조 (구분회계)

재정부 보조금과 회비 외 찬조금은 구분 회계 처리함을 원칙으로 하며 구분 회계에 대한 감사도 반드시 실행하여 회계의 투명성을 확보하여야 한다.

제 7 조 (장부보관)

회계장부의 기록은 교회 회계 기준을 준수하며 5년간 보관 한다.

제 8 조 (예산요구)

재정예산에 보조받는 각 부서는 매년 10월말 까지 사업계획서와 함께 예산요구서를 재정부에 요청하여야 한다.

제 9 조 (예산집행)

비용의 지출은 예산 범위 내 에서 집행함을 원칙으로 한다.

제 2 절   회계관리

제 10 조 (상계처리 금지)

회계 처리 시 수입과 지출의 상계 처리는 안되는 것을 원칙으로 한다.

제 11 조 (장부조직)

장부의 조직은 다음과 같다.

1. 현금출납장 : 일자, 적요, 과목, 수입, 지출, 잔액, 차인 액, 전월(기)이월, 당월(기) 이월, 월계, 누계, 여백선 표시,

2. 수입부 : 지원금, 회비, 기타회비, 찬조금, 등 으로 한다.
   회비명세서, 수입별 보조부.

3. 지출부 : 행사비, 인쇄비, 경조비, 친교비, 사무비, 교재비, 소모품비, 잡비 등으로
한다.
  * 가능한 잡비는 최소로 한다.
  * 계정과목의 수정은 임의 적으로 해서는 안 된다.

제 12 조 (회계기록 방법)

협의회 및 자치기관은 단식회계 방식으로 할 수 있으나 가능한 복식 회계 방식으로 하
여 재정부 본 회계와 연동하여 사용 할 수 있다.
  * 회계 장부 예시 참조*

제 13 조 (지출결의서와 지불증)

증빙은 육하원칙에 의한 지출결의서에 의하며 투명하게 하여야하며 부득이 한 경우
부서장의 6하원칙에 의한 지불증으로 대신 할 수 있다.

제 14 조 (보조장)

보조장의 기록을 통하여 결산 보고시 수입, 지출 계정별 잔액 집계가 용의 하도록 하
여야 한다. 찬조금에 대한 수입 및 지출은 별도 기록 한다.

제 15 조 (차인액 관리)

보조장의 예산에 대한 차인액 기록을 통하여 잔여 예산액을 수시 확인하여 예산의 절
약과 내핍 운영으로 효율적인 관리를 하여야 한다

제 16 조 (예금통장의 확인)

예금통장의 입출 기록은 현금출납부와 일치하여야 하며 예금 잔액 등의 확인을 연2
회 이상 부서장의 대조 확인을 받아야 한다.

제 17 조 (장부의 정정)

장부기록의 수정은 반드시 적색으로 표시하고 그 위에 숫자를 정정하며 화이트 사용

이나 칼로 긁어 오기가 되지 않도록 하여야 한다.

제 18 조 (숫자 표시)

장부의 기록시 숫자의 기록은 정확하게 기록하여 숫자의 흘림으로 인한 오류가 생기지 않도록 주의 하여야 한다.

제 19 조 (누계 기록법)

현금출납장의 1월 누계 계산은 전기이월금과 당월 수입계와 합산하여 기록하며 그 다음달의 누계는 전월 누계와 합산하여 기록 한다.

제 20 조 (여백선)

장부의 마감은 누계에 이어서 계속 기록함으로 장부 이용에 절약은 할수 있으나 여백선을 이용하여 월 1쪽씩 기록 할 수도 있다.

제 21 조 (장부의 이월)

월계와 함께 누계를 표시 하며, 전월이월과, 차월이월은, 전기이월과, 차기이월로 표시하고, 목표 달성율과 함께 증감 표시를 한다

제 22 조 (장부의 인계인수)

회계 담당자는 결산보고 후 장부와 회계 관련 서류 및 증빙을 차기 부서장에게 인계하여야 하며, 반듯이 통장의 이자 표시와 함께 하여야 하고 신, 구회계와 부서장의 확인이 있어야 한다.

제 23 조 (회계장부, 보고서, 명세서 예시)

회계장부와 보고서의 예시는 다음과 같다

별첨 : 회비명세, 현금출납장, 보조장, 회계보고서

* 회비 명세 *

순번	성명	1월	2월	3월	~	10월	11월	12월	계
1		1/15₩							
2									
3									
4									
5									
~									
18									
19									
20									
21									
22									
	계	*						#	합계

* 현금 출납장 *

1면

일자	적요	과목	수입	지출	잔액
	전기이월				700,000
1.15	30,000x20회비 수입	회비	* 600,000		1,300,000
	ㅇㅇㅇ 찬조금	찬조금	100,000		
	임원회의비	회의비		50,000	
	10,000x10 생일축하	경조비		100,000	
	도화지 외	소모품비		50,000	
	우편요금	잡비		70,000	1,130,000
	월계		700,000	270,000	
	누계		1,400,000	270,000	

2면

일자	적요	과목	수입	지출	잔액
	전기이월				1,130,000
2.20	30,000x22명 회비	회비	660,000		1,790,000
	10,000x5생일축하	경조비		50,000	
	연필외 필기구	소모품비		60,000	
	버스비	잡비		10,000	1,670,000
	월계		660,000	120,000	
	누계		2,060,000	390,000	

수입부

회비

예산액 : 7,200,000

일자	적요	수입	지출	누계	차인액
1.15	1월회비	*600,000		600,000	6,600,000
2.20	2월회비	600,000		1,200,000	6,000,000
계					

찬조금

예산액 : 1,000,000

일자	적요	수입	지출	누계	차인액
1.15	1월찬조금	100,000		100,000	900,000
계					

지출부

회의비

예산액 : 800,000

일자	적요	수입	지출	누계	차인액
1.15	1월회비		50,000	50,000	750,000

경조비

예산액 : 1,260,000

일자	적요	수입	지출	누계	차인액
1.15	1월경조비		100,000	100,000	1,160,000
2.20	2월경조비		50,000	150,000	1,010,000
계					

소모품비

예산액 : 400,000

일자	적요	수입	지출	누계	차인액
1.15	1월회비		50,000	50,000	350,000
2.20	2월경조비		60,000	110,000	290,000

잡비

예산액 : 300,000

일자	적요	수입	지출	누계	차인액
1.15	1월회비		20,000	20,000	280,000
2.20	2월회비		10,000	30,000	270,000

2월 회계 보고

수입부

과목	예산	월계	누계	비율	비고(증감)
회비	7,200,000	660,000	1,260,000	17.5%	
찬조금	1,000,000		100,000	10%	
수입계	8,200,000	660,000	1,360,000	16.5%	
전월이월		1,130,000			
합계	8,200,000	1,790,000	1,360,000		

지출부

과목	예산	월계	누계	비율	비고 (증감)
회의비	800,000		50,000	6.25%	
경조비	1,260,000	50,000	150,000	11.9%	
소모품비	400,000	60,000	110,000	27.5%	
****	5,440,000		0	0%	
잡비	300,000	10,000	30,000	10%	
지출계	8,200,000	120,000	340,000	4.1%	
차월이월		1,670,000			
합계	8,200,000	1,790,000	340,000		

월(년) 회계보고

회 단위: 원

수입부				지출부			
과목	예산	실적	증감	과목	예산	지출	증감
수입계				지출계			
전( ) 이월				차( ) 이월			
합계				합계			

제 9 장 서식목록

서식	1-1호	사업운영계획서
서식	1-1-1호	인건비명세서
서식	1-2호	세입예산요구서
서식	1-3호	세출예산요구서
서식	1-4호	예산서
서식	1-5호	세입세출 예산사항별 설명서
서식	1-6호	연도 추가경정 예산요구서
서식	1-7호	명시(사고)이월비 요구서
서식	1-8호	계속비 이월요구서
서식	2호,2-1호,2-2호	예산대수지결산서
서식	2-2-1호	예비비사용요구서
서식	2-2-2호	예비비사용액조서
서식	2-2-3호	예산전용(이용.이체)요구서
서식	2-3호	x x 월차 예산대수지 결산서
서식	2-4호	재무상태표
서식	2-4-11~6호	동부속명세서
서식	2-5호	잉여금처분계산서
서식	2-6호	순자산증감조정계산서
서식	3호	사업보고서
서식	4-1호	입금전표
서식	4-1-1호	헌금명세서
서식	4-2호	출금전표
서식	4-2-1호	지출결의서
서식	4-3호	4-3호
서식	4-4호	주계표
서식	5호	예산 과목 분류
서식	6-1호	예산대수지계산 과목 해설
서식	6-2호	재무상태표 과목 해설
서식	7-1호	감사보고서(사례)
서식	7-2호	감사지적사항에 대한 시정계획
서식	8호	검수조서
서식	9-1호	고정자산관리대장
	9-2호	비품관리대장

(서식 1-1호)

사업 운영 계획서

년 월 일부터 년 월 일까지

_____부

사업분류	세부사업명	계획		사업내용	기대효과
		목표(명, 건)	예산		

(서식 1-1-1호)

인건비 명세서

순위	직종 또는 직위(급)	성명	본봉	수당			공제액	지급잔액

(서식 2호)

20   연도 예산대수지결산서

20 . 1. 1. ~ 20   . 12. 31.

교회

수입부

과목		예산액	결산액	증감	비고
항	목				
(경상수입) (자본수입)					
당기 자금 수입계					
미사용전기이월자금 (기초유동자금)					
합계					

수입부

과목		예산액				결산 액	증감	비고
항	목	당초 예산액	예비비 사용액	전용 증감액	현액			
(경상수입) (자본수입)								
당기 자금 수 입계								
미사용전기이월 자금 (기초유동자금)								
합계								

(서식 2-3호)

년   월차예산대수지결산서

교회

Ⅰ. 수입(경상수입, 자본수입)
단위:원

과목		월계		누계		달성율	
항	목	결산	예산	결산	예산	결산	예산
11. 주일헌금	111 십일조 헌금 112						
수 입 총 계	①						

Ⅱ. 지출(경상지출, 자본지출)
단위:원

과목		월계		누계		달성율	
항	목	결산	예산	결산	예산	결산	예산
110. 인건비	1101 교역자생활비 1102						
지출총계	②						
수지차액	③ ① - ②						
전월이월현금	④						
현금잔액	⑤ ③ + ④						

당기수치차액(경상수지차액 + 자본수치차액)

(서식 2-4호)

교회   단위:원

과목		당기	전기
		금액	금액
1. 자산 10 유동자산 100 유동자금			
	1001 현금(유동자금) 1002 예금(유동자금)		
11 기타유동자산 110 기타유동자산	1101 유가증권 1102 미수금 1103 외상매출금 1104 단기대여금 1105 가지급금 1106 기타 자산 (유동자산합계)		
12 고정자산 120 고정자금	1201 장기성예금(고정자금) 1202 ○○적립예치금(고정자금)		
121 투자기타자산	1211 전화가입권 1212 투자유가증권 1213 전세권 1214 장기대여 금 1215 임차보증금 1216 기타투자자산		

13 유형자산
130 유형자산
	1301 토지
	1302 건물
	1303 구축물
	1304 차량운반구
	1305 집기비품
	1306 건설중인자산
	   (유형자산합계)
	   자산총계		

주 : 유동자금(현금, 예금)

고정자금(장기성예금 특정예치금)

과목		당기	전기
		금액	금액
2. 부채 20 부채 200 유동부채 210 고정부채 3. 기금 30 기본금 300 기본금 31 적립금 310 적립금 32 잉여금(부족금) 320 잉여금	2001 지 급 어 음 2002 미 지 급 금 2003 외 상 매 입 금 2004 단 기 차 입 금 2005 예　　수　　금 2006 선　　수　　금 2007 가　　수　　금 2008 기 타 유 동 부 채 (유동부채합계) 2101 장 기 차 입 금 2102 퇴직급여 충당금 2103 OO특 별 충 당 금 2104 기 타 고 정 부 채 (고정부채합계) 부 채 총 계 3001 당 초 기 본 금 3002 지 정 기 본 금 3003 전 입 기 본 금 3101 퇴 직 급 여 적 립 금 3102 선 교 기 금 적 립 금 3103 장 학 기 금 적 립 금 3104 기 념 사 업 적 립 금 3201전기이월잉여금(부족금) 3202 당 기 잉 여 금 또는 　경 상 수 지 차 액 기 금 총 계 부채 및 기금총계		

※ 10단위는 (관)이고, 100단위는 (항)이고, 1000단위는 (목)의 예산 과목임.

재무제표 부속명세서

(서식 2-4-1호)

1. 현 금 예 금 명 세 서

종류		거래처	기초잔액	기말잔액	적요
현금					
예금	당좌예금				
	보통예금				
	정기예금				
	적금				
합계					

(주) 담보제공 내용등 적용란 기재

(서식 2-4-1호)

2. 유 가 증 권 명 세 서

	종류	1주금액	주수	취득가액	대차대조표계상액	적요
주식						
	계					
공사채	종류	액면가액		취득가액	대차대조표계상액	적요
	계					
유가증권	종류			취득가액	대차대조표계상액	적요
				출자총액		
	계					
합계						

(서식 2-4-3호)

3. 미 수 금 명 세 서

거 래 처	기 말 잔 액	적 요
합 계		

(서식 2-4-4호)

4. 단 기 대 여 금 명 세 서

거 래 처	기 초 잔 액	당기증가액	당기감소액	기 말 잔 액	적 요
합 계					

(주) 대여조건 등 적요란 기재

(서식 2-4-5호)

5. 가 지 급 금 명 세 서

거 래 처	기 말 잔 액	적 요
합 계		

(서식 2-4-6호)

6. 장기대여금명세서(적립예치금)

거 래 처	기 초 잔 액	당기증가액	당기감소액	기 말 잔 액	적 요
합 계					

(주) 대여조건 등 적요란 기재

(서식 2-4-7호)

7. 고 정 자 산 명 세 서

자산종류	기 초 잔 액	당 기 증가액	당 기 감소액	기 말 잔 액	차 인 기말잔액	적 요
토 지						
건 물						
차량운반구						
비 품						
건 설 가 계 정						
계						
전 화 가 입 권						
계						
합 계						

(주) 담보재공 내용등 적요란 기재

(부표) 7 - 1 토지

구 분	소 재 지	지 목	면적(㎡)	기말잔액	적요
합 계					

(부표) 7 - 2 건물

구 분	소 재 지	지 목	면적(㎡)	기말잔액	적요
합 계					

(부표) 7 - 3 차량운반구

구 분	차 명	대 수	기말잔액	적요
합 계				

(부표) 7 - 4 집기비품

구 분	차 명	대 수	기말잔액	적요
합 계				

(부표) 7 - 5 건설가계정

구 분	명 칭	기초잔액	당기증가액	당기감소액	기말잔액	적 요
합 계						

(부표) 7 - 6 전화가입권

구 분	전화번호	수 량	기말잔액	적 요
합 계				

(서식 2-4-8호)

8. 외상매입금명세서

거 래 처	기 초 잔 액	기 말 잔 액	적요
합 계			

(서식 2-4-9호)

9. 단기차입금명세서

거래처	기초잔액	당기증가액	당기감소액	기말잔액	차입기한 이율등	담보제공명세

(서식 2-4-10호)

10. 예수금명세서

거 래 처	기 말 잔 액	적요
합 계		

(서식 2-4-11호)

11. 가수금명세서

거 래 처	기 말 잔 액	적요
합 계		

(서식 2-4-12호)

12. 충당금명세서

구 분		기초 잔액	당기감소액		당기 증가액	기말 잔액	적요
			목적사용	기타사용			
장 기	퇴직급여충당금						
	○○특정충당금						
장 기	상여충당금						
	○○충당금						

(서식 2-4-13호)

13. 지급어음명세서

거 래 처	기 일	기 말 잔 액	적 요
합 계			

(서식 2-4-14호)

14. 미지급금명세서

거 래 처	기 말 잔 액	적요
합 계		

(서식 2-4-15호)

15. 차입금명세서

(단위:원)

과목	차입처	종류	이자율	기초잔액	당기증가액	당기감소액	기말잔액	상환스케줄						비고
								1차년	2차년	3차년	4차년	5차년	이후	

(서식 2-4-16호)

16. 기본금 및 적립금 명세서표

구분	기본잔액	당기증가	당기감소	기말잔액	비고
1. 기 본 금					
가. 기 본 금					
나. 기 타 기 본 금					
2. 적 립 금					
가. 선 교 적 립 금					
나. 장 학 적 립 금					
다. 퇴 직 적 립 금					
라. 기 타 적 립 금					
마. 차기이월수					
합 계					

(서식 2-5호)

잉 여 금 처 분 계 산 서

년 월 일부터　　　년 월 일부터
년 월 일까지　　　년 월 일까지
제　　기　　　　　제　　기
처분확정일 년 월 일　처분확정일 년 월 일

과　　　목	제 (말) 기		제 (전) 기	
	금　　액		금　　액	
I. 당기말미처분잉여금				
1. 전기이월잉여금	x x x		x x x	
2. 전기손익수정이익	x x x		x x x	
3. 전기손익수정손실	x x x		x x x	
4. 수정 후 전기이월이익잉여금	x x x		x x x	
5. 당기경상수지 차액	x x x	x x x	x x x	x x x
II. 임의 적립금 등의 이 입 액				
1. xxxxxxxx 적립액	x x x		x x x	
2. xxxxxxxxxxxxxx	x x x	x x x	x x x	x x x
합　　　　　계		x x x		x x x
III. 잉여금처분액				
1. 기본금대체액	x x x		x x x	
2. 선교기금적립금	x x x		x x x	
3. 장학기금적립금	x x x		x x x	
4. 시설적립금	x x x	x x x	x x x	x x x
IV. 차기이월잉여금		x x x		x x x

(서식 2-6호)

순자산증감조정계산서

20   년   월 일부터
20   년   월 일까지

과 목	금	액	비고
1. 당기자금잉여금 2. 순자산 증가액 1) 고정자산취득 및 지출액 2) 저장품 등 미사용액 3) 미수금 등 기말잔액 또는 기중증가액 4) 미불금 기초잔액 또는 기중증가액 5) 제충당금 사용액 계 3. 순자산감소액 1) 감가상각비 2) 미수금 기초잔액 또는 기중감소액 3) 미불금 기말잔액 또는 기중증가액 4) 제충당금 전입 4. 당기 순자산증감액 잉여금(부족액): 경상수지차액 5. 전기이월 잉여금(부족액) 6. 당기말미처분 잉영금(부족액)			

※ 예산상 예치금을 적립할 경우 순자산 증가액·감소액에 표시하여 이해를 도울수 있다.

(서식 3)

사 업 보 고 서

(　 년 　 월 　일부터 　 　년 　 월 　일까지)

부

사 업 분 류	세부사업명	목표 (계획)	사업 실적	대비	반성과평가

(서식 4-1호)

입 금 전 표
20 년 월 일

과목	적　　　　　　요	금　액
	합　　　　계	

교회

(서식 4-2호)

출 금 전 표
20 년 월 일

과목	적　　　　　　요	금　액
	합　　　　계	

교회

(서식 4-3호)

대 체 전 표

No.   20 년   월   일

과목	적 요	금액	과목	적요	금액
합 계			합 계		

교회

(서식 4-3-1호)

전 표

20 년   월   일

		담당·주임	회계	차장	부장	당회장
	부서					
부서 / 작성자	출납 / 영수	재정				

계정과목	적요	계정과목
금액		금액
VAT		VAT
금액		금액
VAT		VAT
금액		금액
VAT		VAT
합계	일금 원정	합계

77

헌금 집계표

계수원	담 당	회 계	치장	부장

년 월 일 째주

구 분	적 요	금 액	비 고
십일조			
계			
감사 헌금			
계			
기타			
계			
합 계			

헌금 집계표

계수원	담당	회계	차장	부장

년   월   일   째주

구 분	성 명	금 액	비 고
1.십일조			
계			
2.감사헌금			
계			
3.기타			
계			
합 계			

(서식 4-1-1호)

헌 금 명 세 서

20 년   월   일   째주

헌금명	성 명	금 액	비 고
1 십일조	1		
	2		
2 감사헌금	3		
	4		
	5		
	6		
	7		
	8		
	9		
	10		
	11		
	12		
	13		
	14		
	15		
	16		
	17		
	18		
	19		
	20		
합 계			

※ 해당헌금 번호에 ○을   계수원   인

지 출 결 의 서

결재	회 계	차장	부장

일금	원 ₩			

항			목	

사업명	예산	내역	금액
계			

20 년 월 일

상기와 같이 지출을 바라나이다

	부서명	기안자	회계	부장	교감

영 수 증

일금   원정 ₩＿＿＿＿＿＿＿＿＿

상기 금액을 정히 영수함.

20 년 월 일

수령자   인

청 구 서

사 업 명:

시행 예정일:　　년 월 일　　장 소:

청 구 금 액:　　　　　　　　　원

사 업 내 용: 1.

　　　　　 2.

　　　　　 3.

　　　　　 4.

　　　　　 5.

　　　　　(예상인원, 강사비, 차량, 식대, 기타)

위와 같이 청구합니다.

　　　　청구일　　　년　월　일

　　　　　　　회계　　　　　인
　　　　　　　부장　　　　　인

보내드릴 온라인 계좌 /　　　　　　은행　예금주

　　　　　　　귀하

정산결의서	부장,위원장	회 계	재정부장

청구일자	년 월 일	사업명	
부서,위원회		연합회	
청구금액	금 (₩)		

지출결의일자	적 요	금 액
지출총액		
잔 액		
비 고		

※ 유의사항
 1. 행사 종료일로부터 4주 이내로 장부(원본) 및 지출결의서(원본), 증빙철(원본)과 함께 제출하여 주시기 바랍니다.(모든 부서(연합회)및 위원회에서는 다음 청구일 전 정산 완료 필)
 2. 참석인원, 강사비, 차량, 식대, 기타 및 자세한 산출근거를 적요란 or 비고란에 기재하여 주시기 바랍니다.
 3. 정산시 미비된 사항이 있을 경우 다음 예산 청구가 불가함을 양해 부탁드립니다.

부서
부장

(서식 4-4호)

주 계(일계)표

입 금 표　매
출 금 표　매
대체전표　매　　　20 년 월 일

주임	회계	차장	부장

차 변			계 정 과 목		대 변		
합 계	대 체	출 금			입 금	대 체	합 계
			일　　　계				
			금일잔액 / 전일잔액				
			합　　　계				

교회

(서식 5호)

예 산 과 목 분 류
20 . 1. 1. ~ 20 . 12. 31.

(1) 수입부

교회　　　　　　　　　　　　　　　　　　　　　　　　　　단위:원

과	목		전　　　　기		당기예산	산출기초
항	목		예산	결산		
1 경 상 수 입						
11 주일헌금						
	111	십 일 조 헌 금				
	112	일 반 주 정 헌 금				
	113	월 정 헌 금				
	114	주 일 헌 금				
	115	교 회 학 교 헌 금				
	116	감 사 헌 금				
12 절기헌금						
	121	부 활 절 헌 금				
	122	맥 추 절 헌 금				
	123	추수감사절헌금				
	124	성 탄 절 헌 금				
13 목 적 헌 금						
	131	선 교 헌 금				
	132	장 학 헌 금				
	133	부 흥 회 헌 금				
14 과년도 수입						
	141	과 년 도 수 입				
15 잡 수 입						
	151	수 입 이 자				
	152	기 타 잡 수 입				
경상수입계		①				
2 자 본 수 입						
21 자 본 수 입						
	211	일 시 차 입 금				
	212	차 입 금				
	213	적 립 금 인 출				
	214	처분수입(기본금)				
	215	건축헌금 (기본금)				
	216	미 수 금				
	217					
자본수입계		②				
수　　입　　총　　계						

(2) 지출부

과	목	전	기	당기예산	산출기초
항	목	예 산	결 산		

1 경 상 지 출
  10 사업비
   110 인건비
	1101 교역자 생활비				

	1102 직 원 급 여				
	1103 상 여 금				
	1104 기 타 수 당				
	1105 강 사 료				
	1106 연 금 및 의 보				
111 예배비	1111 예 배 환 경 비				
	1112 목 회 연 구 비				
	1113 주 보 대				
	1114 성 가 대				
	1115 교회음악활동비				
112 선교비	1121 전 도 비				
	1122 국 내 선 교 비				
	1123 해 외 선 교 비				
	1124 사 회 선 교 비				
	1125 심 방 비				
113 교육비	1131 교 육 훈 련 비				
	1132 교 육 활 동 비				
	1133 장 학 금				
	1134 도 서 비				
	1135				
114 봉사비	1141 경 조 비				
	1142 구 호 비				
	1143 지역사회봉사비				
	1144 행 사 비				
	1145 친 교 비				
12 운영관리비 120 관리비	1201 사 택 관 리 비				
	1202 수 도 광 열 비				
	1203 공 과 금				
	1204 차 량 유 지 비				
	1205 교 회 미 화 비				
	1206 수 선 유 지 비				
121 운영비	1211 목 회 활 동 비				
	1212 통 신 비				
	1213 도 서 인 쇄 비				
	1214 회 의 비				
	1215 연 료 비				

과 목			전 기		당기예산	산출기초
항		목	예산	결산		
		1216 홍 보 비				
		1217 사 무 비				
		1218 출 판 비				
		1219 잡 비				
	13 상회비					
	130 상회비	1301 상 회 비				
	14 기타비용					
	140 기타비용	1401 지 급 이 자				
		1402 건 물 임 차 료				
	15 예비비					
	150 예비비					
	경상지출계	③				
20	자본지출					
	211 토 지					
	212 건 물					
	213 비 품					
	214 차 량					
	215 제적립예금					
	216 가지급금					
	217 차입금전환					
	자본지출계					
	지출총계	④				
검토사항	경상수지차액	① - ③ = a				
	자본수지차액	② - ④ = b				
	수 지 차 액	a + b = c				
	전기이월자금	D				
	당기말자금	c + D = e				

(주) 10, 12, 13, 14, 20은 (관)에 해당됨.

예산대수지계산서 과목에 대한 해설

수입회계

과 목		과 목 해 설
항	목	
1 경상수입		
11 주일헌금		
	111 십일조헌금	수입의 십분의 일을 드리는 헌금
	112 주정헌금	주일마다 일정한 금액으로 드리는 헌금
	113 월정헌금	매월마다 일정한 금액으로 드리는 헌금
	114 주일헌금	주일에 약정없이 자유스럽게 드리는 헌금 헌금
	115 교회학교헌금	교회학교 학생들이 드리는 헌금
	116 감사헌금	은혜받고 생일, 결혼, 병나음에 감사하여드리는 헌금
12 절기헌금		
	121 부활절헌금	부활절 예배시 드리는 절기헌금
	122 맥추절헌금	맥추절 예배시 드리는 절기헌금
	123 추수감사절헌금	추수감사절 예배시 드리는 절기헌금
	124 성탄절헌금	성탄절 예배시 드리는 절기헌금
13 목적헌금		
	131 선교헌금	선교를 목적으로 드리는 헌금
	132 장학헌금	장학기금을 목적으로 드리는 헌금
	133 부흥회헌금	부흥회시 은혜받고 드리는 헌금
14 과년도수입		
	141 과년도수입	전년도에 세입조정된 수입으로 금년도에 수입으로 확정된 수입
15 잡수입		
	151 수입이자	예금에서 발생한 수입이자
	152 기타잡수입	헌금과 수입이자 이외의 수입금액
2 자본수입		
21 자본수입		
	211 일시차입금	자금부족을 충당하기 위하여 지급이자 없는 부채액
	212 차입금	당회 또는 제직회 결의에 의한 기체액
	213 적립금 인출	목적사용을 위하여 적립된 예금을 인출한 수입
	214 자산처분수입(기본금)	교회 사용 자산 처분대금
	215 건축헌금 (기본금)	교회 건축에 충당하기위하여 드린 헌금
	216 미수금	약정헌금 및 처분대 미수금
	217	

지출회계

지출회계

과 목		과 목 해 설
항	목	
1 경 상 지 출		
11 사업비		
110 인건비	1101 교역자 생활비	목사, 부목사, 전도사에 지급되는 월정생활비
	1102 직 원 급 여	교역자가 아닌 직원에게 지급되는 월정급여액
	1103 상 여 금	월정급여 이외의 일정율로 지급되는 기본급
	1104 기 타 수 당	휴가비 및 특별히 지급되는 수당
	1105 강 사 료	외부에서 초청한 강사에게 지급되는 사례금
	1106 연 금 및 의 보	연금규정, 의료보험법에 의하여 지급되는 복리비
111 예배비	1111 예 배 환 경 비	예배환경을 경건하고 아름답게 장치하기위한 화분, 꽃꽂이비용
	1112 목 회 연 구 비	
	1113 주 보 대	주보제작비용
	1114 성 가 대	성가대 운영을 위한 지휘자, 반주자 사례금, 피스대등
	1115 교회음악활동비	
112 선교비	1121 전 도 비	새신자 교육용 도서비, 환영비, 통신비
	1122 국 내 선 교 비	개척교회지원비, 전도용 인쇄비, 지역전도비
	1123 해 외 선 교 비	해외선교사 파송비 및 유지비 또는 지원비
	1124 지역사회선교비	사회복지 지원을 통한 선교비
	1125 심 방 비	심방을 위한 비용 (교통비, 새신자 선물비)
113교육비	1131 교 육 훈 련 비	교사 교육을 위한 비용
	1132 교 육 활 동 비	수양회 등 지원비용, 교회학교 유지비
	1133 장 학 금	장학위원회에서 지급되는 장학금
	1134 도 서 비	교육용 도서구입비
	1135	
114봉사비	1141 경 조 비	교인의 애경사에 대한 부조금
	1142 구 호 비	교회에 병든자, 고아, 노약자등에 지급되는 구호품
	1143 사 회 봉 사 비	사회복지 및 이제민 구호비 및 고아원, 양로원 지원비
	1144 행 사 비	사회활동 행사비, 교회행사비(장로장립비, 교인체육대회)
	1145 친 교 비	교인간 친교를 위한 식사대 등 지출비용

과 목			과 목 해 설
항	목		
12 운영관리비			
120 관리비	1201	사 태 관 리 비	목회자 사택관리비중 전기료, 가스료등 비용
	1202	수 도 광 열 비	전기료, 수도료, 가스료, 난방비
	1203	공 과 금	보험료 및 공과금
	1204	차 량 유 지 비	자동차의 연료, 수리비, 자동차보험료, 검사비등
	1205	교 화 미 화 비	교회청소 및 단장비
	1206	수 선 유 지 비	건물, 비품등 수선유지비
121 운영비	1211	목 회 활 동 비	담임목사의 목회활동에 소요되는 경비
	1212	통 신 비	우표대, 전화요금, 전보료
	1213	도 서 인 쇄 비	도서발간비, 신문, 잡지구입비, 각종 인쇄비
	1214	회 의 비	각종회의시 식대 및 다과대
	1215	연 료 비	월동난방비등
	1216	홍 보 비	교회 선교, 교육, 봉사를 효과적으로 하기 위한 광고비용
	1217	사 무 비	사무상 소요되는 소모품등의 비용
	1218	출 판 비	월간잡지 편집 발행비
	1219	잡 비	위 비용외 지급되는 비용
13 상회비			
131 상회비	1301	상 회 비	노회에 상납되는 부담금 및 시찰비
14 기타비용			
141 기타비용	1401	지 급 이 자	차입금에 대한 이자
	1402	건 물 임 차 료	교회용 건물을 임차하고 지급되는 사용료
15 예비비			예측할 수 없는 사항이나 예산초과액을 조정하기 위한과목 미확정 예산
2 자본지출			
211 토 지			교회용 토지구입비 부대비용
212 건 물			교회건물 신축비 또는 구입비 및 부대비용
213 비 품			교회 비품 구입비 및 운반비
214 차 량			교회용 차량구입비 및 부대비
215 제적립예금			교회의목적(선교, 퇴직금, 건축 등)을 위하여 지출되는 적립되는 예금
216 가 지 급 금			목적이 확정되지 아니하고 지출된 비용
217 차입금전환			교회사용차입금 반환액

재무상태표 과목 해설

과　　목	소　과　목	과　목　해　설
1. 자산 10　유동자산 　　100 유동자금		
	1001　현　　금(유동자금)	통화.수표 우편 소액환
	1002　예　　금(유동자금)	금융기관에 예입한 예금, 우편저금으로 기한이 1년　이내 도래하는 예금
110 기타유동자산		
	1101　유　가　증　권	시장성 있는 유가증권중 일시적 소유 유가증권
	1102　미　　수　　금	수익사업이외의 거래에서 발행한 미수채권
	1103　외　상　매　출　금	수익사업에서 발생한 매출채권 등
	1104　단　기　대　여　금	직원에게 대여한 것으로 기말부터 1년이내에 반제기일이 도래되는 대여금
	1105　가　지　급　금	여비 등 기타경비의 미정산액
	1106　기　타　자　산	상기 이외의 유동자산으로 금액이 중요한 것은 내용 표시하는 과목게기(매출용서적)
12　고정자산 　　120 고정자금		
	1201　장기성예금(고정자금)	1년이상 장기의 예금
	1202　○○적립예치금(고정자금)	특정목적을 위하여 적립하는 예금 (예) 퇴직적립예치금, 건축적립예치금, 기념사업적립예치금, 선고기금예치금, 장학기금예치금
121 투자기타자산		
	1211　전　화　가　입　권	전화가설에 요한 비용으로 소유, 사용하는 권리
	1212　투　자　유　가　증　권	주식공사채 수익증권 금전신탁 출자증권으로 투자목적으로 소유한 유가증권
	1213　전　　세　　권	전세금을 지급하고 사용, 수익하는 권리
	1214　장　기　대　여　금	직원을 위하여 대여한 것으로 기말기준하여 1년이상 장기의 대여금
	1215　임　차　보　증　금	월세 등의 조건으로 사용하기 위하여 지급하는 보증금
	1216　기　타　투　자　자　산	상기 외 고정자산으로 금액적으로 중요한 것은 내용을 표시하는 과목게기
13　유형자산 　　130 유형자산		
	1301　토　　　　지	대지, 임야, 전답, 잡종지
	1302　건　　　　물	건물외부속선비 포함
	1303　구　　축　　물	정원설비 및 기타의 토목설비 또는 공작물
	1304　차　량　운　반　구	자동차 승용차등 운반구
	1305　집　기　비　품	일거래단위의 취득가액 일정액이상이고 내용연수 1년이상의 집기 비품
	1306　건　설　중　인　자　산	건축 등을 위하여 지출하는 선급금

과 목	소 과 목	과 목 해 설
2. 부 채 20 유 동 부 채 　　200 유동부채		
	2001　지 급 어 음	일반적 거래서 발생한 어음상의 채무
	2002　미 지 급 금	수익사업외 전거래에서 발생한 미불채무
	2003　외 상 매 입 금	수익사업에서 발생하는 매입채무 등
	2004　단 기 차 입 금	금융기관 등에서 차입한 것으로 상환기일이 1년이 내 차입금
	2005　예 　 수 　 금	직원 등 일시적 예수금으로 원천세 등
	2006　선 　 수 　 금	일반적 거래에서 발생한 선수액
	2007　가 　 수 　 금	일시가수로 미정산액
	2008　기 타 유 동 부 채	상기외 유동부채금액이 중요한 것은 내용을 표시 하는 과목게기
210 고정부채		
	2101　장 기 차 입 금	금유기관 등의 차입금으로 상환기일이 1년 이상인 차입금
	2102　퇴 직 급 여 충 당 금	당기에 부담하여야 할 퇴직급여충당금
	2103　OO특 별 충 당 금	기말에 특정의 지출을 준비하기 위하여 충당할 금액
	2104　기 타 고 정 부 채	상기외 고정부채로 금액이 중요한 것은 내용표시 하는 과목게기
3. 기금 30　기 본 금 　　300 기본금		
	3001　당 초 기 본 금	교회설립시 자산형성을 위한 출연금
	3002　지 정 기 본 금	지정목적헌금으로 자산형성한 출연금
	3003　전 입 기 본 금	잉영금처분등에 의한 전입 출연금
31　적 립 금 　　310 적립금		
	3101　퇴 직 급 여 적 립 금	퇴직목적 예치금과 서로 관련된 적립금
	3102　선 교 기 금 적 립 금	선교목적 예치금과 서로 관련된 적립금
	3103　장 학 기 금 적 립 금	장학목적 예치금과 서로 관련된 적립금
	3104　기 념 사 업 적 립 금	기념사업 예치금과 서로 관련된 적립금
32　잉여금(부족금) 　　320 잉여금		
	3201　기이월잉여금(부족금)	
	3202　당 기 잉 여 금 또는 경 상 수 지 차 액	

※ 10단위는 (관)이고, 100단위는 (항)이고, 1000단위는(목)의 예산 과목임.

감 사 보 고 서

귀중   20   년 월 일

  우리는 교회회계 제 73조에 의하여 ○○ 교회의 감사로서 20 년 1월 1일부터 20
년 12월 31일까지 종결되는 사업년도의 회계 및 업무집행 내용에 대한 결산서를 감사
하였습니다.

  (1) 감사방법의 개요
  감사를 위하여 업무집행 내용과 회계에 관한 장부와 관련서류를 열람하고 재무재표
및 동부속명세서에 대하여도 면밀히 검토함과 아울러 필요하다고 인정할 경우 대조,
실사, 입회, 조회, 기타의 적절한 감사절차를 적용하여 감사를 실시하였습니다. 그리
고 우리 감사인은 각 부서에 출석하여 업무에 관한 보고를 받고 그 내용을 면밀히 검
토도 하였습니다.

  (2) 감사의견
  교회업무 집행 내용과 결산서의 각 사항은 (다음 지적된 사항을 제외하고는) 정확하
였으며 그 회계처리 내용은 적정하였습니다.

○   ○   교 회

  감사 위원   인

(서식 7-2호)

감사 지적사항 및 시정계획

기관명 :   (회계년도 : 20 . . . ~ 20 . . .)

지 적 내 용	피감사기관장의 시정계획

피감사 기관장

년   월   일

직 책   인

검 수 조 서

1. 납 품 자 :
2. 계약금액: 일금
3. 계약년월일 : 20   년   월   일
4. 납   기 : 20   년   월   일
5. 납품년월일 : 20   년   월   일

품 명	규 격	수 량	비 고

위 와 같이 검수함

20   년   월   일

검 수 자   인

예 산 요 구 서

세 입 _____ 부

(단위 : 원)

과목			전전년도 결산액	전년도예산(a)		당해년도 예산액					증감(△)액(%)		기대효과
관	항	목		금액	내역	요구		조정		b - a	c - a	(예산평성기법)
						금액(b)	내역	금액(c)	내역			

* 조정난은 심의과정시 필요난임

(서식 1-3호)

예 산 요 구 서

_____ 부

세 출

(단위 : 원)

과목			전전년도	전년도예산(a)		당해년도 예산액						증감(△)액(%)		기대효과
관	항	목	결산액	금액	내역	요구		조정			b - a	c - a	(예산평성기별)
						금액(b)	내역	금액(c)	내역				

* 조정난은 심의과정시 필요난임

97

(서식 1-4호)

예 산 요 구 서

세 출

_____ 부

(단위 : 원)

과목			전회계년도		예산액(b)	증감(△)액 (c = a − b)	산출기초 (예산편성기법)
관	항	목	예산액	결산액(a)			

(서식 1-5호)

세입·세출예산사항별 설명서

_____ 연도 _____ 부 세입·세출예산액은

세입   원

세출   원이며

이를 전년도(기정) 예산액과 비교하면 다음과 같습니다.

_____ 부

(단위 : 천원)

구 분	전전년도 결산액	전 년 도 예산액(기정)	당해연도 예산액(주정)		비 교		비 고
			요구	조정	증	감	
세 입							
세 출							

그 중요한 사항을 설명하면 아래와 같음

1.

2.

99

(서식 1-6호)

년도 추가경정 예산요구서

(단위 : 천원)

관	항	목	추가경정 예산액(a)	기 준 예산액(b)	비 교 (a − b)		자 원 내 역			비 고
과	목	목			증	감	자체자금	보조금	기타	

※ 예산요구 명세서 별첨

(서식 1-7호)

명시(사고)이월비 요구서

부 _____

(단위 : 천원)

과 목			예 산 액	지 출 액		익년도 이월액	자 원 내 역			비 고
관	항	목		기지출액	금후지출 예 상 액		자체자금	보조금	기타	

※ 예산요구 명세서 별첨

101

계 속 비 이 월 요 구 서

_____ 부

(단위 : 천원)

과 목		연도계속비지출예산현황			지 출 액		잔 액	익년도 이월액	제 원 내 역			비 고
관	항 목	예산 계상액	전년도 이월액	계	지출필액	금후지출 소요액			자체자금	보조금	기 타	

예산대수지결산서

세입 _____부_____

(단위 : 천원)

과목			예산액	결산액			예산·결산 증감(△)		비 고
관	항	목		결산액(a)	수납액(b)	(결손액, 또는 미수납액(a-b))	금액	%	
경상수입									
자본수입									
당기자금수입합계									
미사용전기이월자금(전기말유동자금)									
합 계									

103

(서식 2-2호)

예 산 대 수 지 결 산 서

(단위 : 천원)

세 출   부

| 과목 | | | 당초예산액 | 조 정 | | 결 산 액 | 불용액 또는(이월) | | 비고 |
관	항	목		(전용) 및 〈예비비사용〉액	예산현액		금액	%	
경 상 지 출									
자 본 지 출									
당기자금 수입합계									
미사용자기이월자금 (기말유동자금)			〈 〉						
합 계									

(서식 2-2-1호)

예 비 비 사 용 요 구 서

부

관	목	목	예산액(a)	기지출액(b)	예산잔액(c)	금후소요액(d)	자금부족액 (예비비소요액) (d-c)	비고
	항							
과								

예 비 비 사 용 액 조 서

부_____

관 목		내 용	예비비사용결정액	예 비 비 사 용 액	비 고
관	항	목			

(서식 2-2-3호)

예산전용·이용·이체요구서

부 ____

과 목		예 산 액	기지출액	예산잔액	금후소요액	전용요구액		전용사유
관	항					증	감	
	목							

년 월 일

귀하

(서식 9-1호)

고정자산(관리)대장

대장번호	
회계	
관리자	
재산관리원	
재산의구분	

위치도

기관명		소재지	

번호 / 소재지(지번) / 지목 / 면적(평) / 대장가격 / 비고

번호	소재지(지번)	지목	면적(평)	대장가격	비고
			평 ㎡		
			평 ㎡		
			평 ㎡		

취득

번호	년월일	전소유자	상대방주소·성명	금액	비고

등기

번호	년월일	등기소

관리상황(사용허가·무단점유두등)

내용	년월일	면적	금액	상대방주소·성명
		평 ㎡		
		평 ㎡		
		평 ㎡		
		평 ㎡		

처분상황(대부·매가·매각·양여·교환·관리전황등)

내용	년월일	면적	금액	상대방주소·성명	대장가격
		평 ㎡			
		평 ㎡			
		평 ㎡			
		평 ㎡			

기타사항

(서식 9-2호)

비 품 관 리 대 장

비품코드						
비품번호						
품명(국문)						
품명(영문)						
모 델	규 격		제작일련번호			
수 량	단 가					
비치부서	금 액					
비치장소						
납품업체	재 원					
제작업체						
비 고						

109

제 10 장 교회감사기준

교회감사기준 개요

최근 현대교회가 교회회계에 대한 큰 관심을 같게 된 것은 일부 교회의 회계 기준 없이 과거 관습을 벗어나지 못한 체 발생하는 재정관리 상 문제로 인하여 세간에 오해를 불러 일으키게 되었으며, 이에 대한 적절한 설명과 이해 부족에서 오는 문제와 함께 점차로 교회회계기준과 교회감사기준에 대한 관심이 고조 되고 있음을 알 수 있다.

이러한 문제에 제기되는 교회감사 제도는 그 원인이 각 교회의 감사기능이 조직형식에 그치고 감사 실시에 대해서는 신뢰와 믿음을 바탕으로 한다며 문제가 발견되거나 사실적인 오류가 있다 하더라고 발생위주로 적당히 처리 하며 대, 내외적인 문제에 대하여는 자체적 재정관리 은폐 등으로 적당히 넘어가는 경우가 많음을 볼 수 있다.

특히 교회에서의 감사는 신뢰와 믿음을 바탕으로 실시하기 때문에 선배들의 과거 경험에 따라 실시함으로 큰 문제가 없다는 전제하에 적당히 넘기려는 사고 가운데 가랑비에 옷 젖듯이 결국에는 큰 문제를 일으켜 대, 내외적으로 어려운 상황을 맞게 되는 것이 최근 많은 교회들의 낯 뜨거운 고민거리로 등장 하게 되었다.

이에 감사는 각 교회의 재정 관리의 일환으로 장기적으로는 교회 투명 재정관리를 통하여 교우들의 자발적이고 적극적인 협력을 통해 교회의 긍극적 목표인 복음사역과 이웃사랑을 적극 실천하고 교회 부흥발전에 기여하는데 있으며, 단기적으로는 재정 관리자들의 건전한 교회회계를 유도하여 회계 책임자들의 책임성 있는 회계업무의 자부심을 얻게 할 수 있다.

감사는 교회관리 목표를 효과적으로 달성하기 위한 조직을 바탕으로 목회자를 위시한 교회지도자 들에게 교회 부흥발전에 대한 의사결정에 도움을 주는데 목적이 있고 한편 감사를 통하여 회계 상의 부정이나 오류를 발견하고 적출 하는데 에 목적이 있기

보다는 그와 같은 수단과 방법을 통하여 교회 내부의 제도개선과 신뢰성 을 확보하는 데 있다.

　감사영역은 회계감사만이 아니라 업무감사 또는 교회관리 업무혁신에도 일조하는 조직으로서 교회 목회자들과 지도자들로 하여금 교회 부흥발전 영역에 크게 기여 되어야 하며 교회 회계기준과 함께 감사기준을 통하여 회계부정과 오류를 신속하게 발견하고, 누구나 개인적인 사고나 편견이 아닌 제정된 기준을 바탕으로 투명하고 건전한 교회재정을 이루어야 한다.

경영컨설턴트　안 주 백 장로

제 1 조 (감사의 목적)

교회의 회계와 업무의 감사 목적은 감사대상 재무상태표가 교회의 재무상태와 수지성, 재무정보를 교회의 회계기준에 따라 적정하게 표시함으로써 회계의 신뢰성을 제고하고, 성도들에게 교회 실체에 대하여 올바른 판단을 할 수 있도록 함에 있다.

제 2 조 (감사의 적격성)

감사(監事)는 회계와 감사에 대한 경험이 있는 전문적인 지식과 기법을 구비한 자라야 한다.

제 3 조 (회계감사 대상)

회계감사는 교회 재정부는 물론 지 회계 및 찬조금에 이르기까지 교회 소속 모든 회계가 대상이 된다.

제 4 조 (독립성과 신의, 성실)

1. 감사(監事)는 독립의 정신을 견지하고 편견을 배제하며, 공정하게 업무를 수행할 수 있어야 한다.

2. 감사(監事)는 선량한 관리자의 주의의무를 다하여 업무를 수행하여야 하고, 감사 중에 취득한 사항을 누설하거나 다른 목적에 이용하여서는 아니 된다.

제 5 조 (감사인의 의무)

감사업무를 수행하는 감사인은 감사를 실시함에 있어 다음 각 호의 사항을 유의, 이행하여야 한다.

1. 감사인은 공정하게 감사업무를 수행하여야 한다.

2. 감사인은 업무상 득한 모든 사항을 부당하게 누설 혹은 공개하거나 이를 남용하여서는 안 된다.

3. 감사인은 감사를 실시함에 있어 피 감사 부서나 피 감사인의 업무의욕, 창의와 활동기능을 위축 또는 침체 시키지 않도록 각별히 유의 하여야 한다.

제 6 조 (감사인의 권한)

감사인은 다음 각 호의 권한을 가진다.

1. 제장부, 증빙서, 관계물품 및 관계서류의 제출 요구 권한.

2. 관계자의 출석과 답변 및 설명 요구 권한.

3. 금고, 창고, 장부, 물품, 서류를 연람, 봉인 할 수 있는 권한.

4. 거래처에 대한 회계 관계 확인 서류의 징구 권한.

5. 감사결과 문제점에 대한 입증서류의 징구 권한.

6. 감사결과 문제점에 대한 업무제도 개선 등에 대한 건의 권한.

제 7 조 (피감사부서의 협조의무)

피감사부서의 장이나 피감사인은 감사인이 감사 상 필요하다고 인정하여 입회 요구나 각종자료의 제출 요구, 답변 요구 등이 있을 때에는 적극 협력 하여야 한다.

제 8 조 (회계에 관한 부정의 의미)

1. 부정의 의미는 다음과 같이 분류 할 수 있으며

협의의 부정으로 회계 상의 오류 및 허위를 말하며
광의의 부정으로 회계 상의 정확하지 않다든가 부정하다는 의미를 말 할 수 있으며 협의에 부정이든 광의부정을 모두 포함하여 회계상으로는 회계의 불실 이라 볼 수 있다.

2. 따라서 회계 상의 불실을 막기 위 하여는 불실 원인의 사후 지적보다도 사전 감사 기준 등을 제정하여 실무자로 하여금 불실을 막을 수 있도록 사전 예방하는 것이 중요하다.

가) 협의의 부정

협의의 부정은 오류와 허위로 구분할 수 는데

* 오류란
   실무자의 주의가 부족하거나 무의식적으로 행하게 되는 과실을 말하며 회계 전체에 미치는 영향은 경미하다.

* 허위란
   그 업무에 정통하다든지 오랜 경험에 의하여 그 오류인 것을 사전에 인지한 상태에서 자신의 소기의 목적을 달성하기 위하여 시행되는 경우이다.

나) 광의의 부정

* 회계에 관한 부정을 광의로 해석하는 때는 회계 상의 정당하지 않다던가, 부당하다는 의미로 해석할 수 있고 광의로 회계 상의 불실로 이해되는 측면이 많다.

* 재정 관리에 영향을 미치는 물건비, 소모품비 등의 거래시 사사로운 이유 등으로 가공 증빙 발행한다든가 비품 등 의식적 무의식적으로 자기의 개인용(사용)으로 제공되고 그대로 가져가는 예가 광의의 부정에 속 한다고 볼 수 있다.

* 그러므로 감사는 소위 회계 감사 만에 한정하지 않고 광의적으로 업무 감사도 포함하여 해석할 때 이로 인한 교회 운영관리 전체에 미치는 영향은 매우 큼으로 여러 경우를 생각하고 감사에 임해야 한다.

제 9 조 (감사계획)

1. 감사는 조직적이고 효율적으로 감사 업무를 수행하기 위하여 전반적인 감사계획과 세부 감사계획을 수립하여야 한다.

2. 감사계획에 따라 감사항목별로 거래기록 및 계정잔액에 대한 감사 절차를 구체적으로 표시하여야 한다.

3. 감사 계획이 문자 그대로 정도와 정당성을 가지고 프로그램 으로서의 존재가치를 얻기 위하여서는 그 내용 또한 그에 맞게 수립 되어야 한다. 그러기 위하여는 다음과 같은 6하 원칙이 고려될 필요가 있다

　　　가) 어디서 ~~~~~~ 감사장소
　　　나) 무엇을 ~~~~~~ 감사대상
　　　다) 언제 ~~~~~~~~ 감사일정
　　　라) 누가 ~~~~~~~~ 감사담당자
　　　마) 왜 ~~~~~~~~~~ 감사목적
　　　바) 어떻게 ~~~~~~ 감사절차

제 10 조 (감사절차)

1. 감사절차는 교회업무 활동을 대표할 수 있는 다음의 중요 거래 유형 별로 파악, 검토, 평가 절차수행 구분하여 수행 한다.

   가) 현금과 예금거래
   나) 수입과 매입거래
   다) 고정자산 거래

2. 거래기록의 검사 결과가 만족스럽지 못하다고 판단될 때에는 계정 잔액 감사를 실시하거나 감사 수행의 계속 여부를 결정하여야 한다.

3. 계정잔액의 감사절차란 그 범위를 거래기록의 감사 결과 평가에서 얻은 신뢰성, 중대성, 부정과 오류가 내포될 가능성 등을 고려하여 결정 한다.

4. 계정잔액 감사 개요

   가) 전기와 당기의 기말 잔액을 비교하고, 증감요인을 분석하여 계정 잔액의 합리성 여부를 검토 한다.

   나) 계정마감이 적정한지 여부를 검증 한다.

   다) 계정명세서를 검산하고 보조부, 총계정원장 및 재무상태표의 해당 금액과 일치하는지 여부를 대조 확인 한다.

   라) 결산마감 직전, 후의 거액거래를 분석하여 분식거래의 포함 여부를 검토 한다.

   마) 계정잔액 실재성, 타당성 또는 합리성을 확인 한다.

바) 재무상태표 일과 감사보고 일까지 발행한 거래와 사건 중에서 중요한 영향을 미친 부분이 있는지를 조사 한다.

사) 회계처리방법과 재무상태표 표시 방법의 적절성을 검토 한다.

아) 전기 말 잔액의 이월의 적정성을 확인 한다.

5. 계정잔액의 중요한 감사절차

가) 현금과 예금

* 현금과 예금 잔액을 실사 또는 조회하여 그 실재성을 확인 한다.

* 현금잔액에 포함된 통화대용증권(우표 및 기타)의 유효성을 검토 한다.

* 헌금 계수자들은 현금 계수자 별로 확인하고 전체 집계표의 회계부서 인계 인수 시 합의 사인 하도록 하여 투명한 인계, 인수가 되어야 한다.

* 예금관련 관련 수입이자의 계상이 정확한지 검토 한다.

나) 유가증권

* 보관중인 유가증권을 실사하고, 기중 증감내용이 적정한지 검토 한다.

* 수입이자와 배당금의 계산을 검증한다. 경우에 따라 비영리법인의 수입이자는 결산 후 세무서로 부터 환급 받을 수 있다.

다) 기타 유동자산

· 채권에 대하여 회수 가능성을 조사하고, 필요시 직접 조회하여 확인 한다.

라) 고정자산

* 고정자산의 실재성과 필요시 소유권을 확인 한다.
  평가방법의 타당성 계속 적용여부를 검토 한다.

* 취득가액 및 처분액의 타당성을 검토 한다.

* 자산의 손, 망실에 대한 보고는 해당부서별로 서무부에 보고하여 손, 망실에 대한 책임을 묻고 자산 대장에 기록 유지하여야 한다.

마) 부채

* 명세서를 검토하여 적정한지 확인한 후 필요시 직접 채권자에게 조회하는 방법으로 확인 한다.

* 외상매입에 대한 기록을 유지하여 한다

* 비용 지출에 대한 증빙서 유, 무를 검토 한다.

* 지급이자 계산 의 적정성을 검토 한다.

* 우발채무가 있는지를 검토 한다.

바) 수입

 * 수입의 인식기준 및 기간귀속의 적정성을 검토 확인 한다.

 * 수입누락이 되었는지 관계증빙을 검토 조사 한다.

 * 기간별로 비교 분석하여 수입의 개관을 한다.

사) 비용지출

 * 계정분류의 적정성 여부를 검토하고, 비정상적인 거래에 대하여는 증빙 대조에
   의하여 그 타당성을 검토 한다.
 * 항상 부정과 오류가 있을 수 있다는 가정 하에 중요하게 왜곡 표시되는 위험을
   고려해야 한다.

아) 교회회계 외 구분 경리하는 찬조금에 대하여도 감사를 실시하여 회계의 투명성
   과 향후 예산관리에 참고하도록 하여야 한다.

제 11 조 (감사 서류 보관)
감사는 합리적인 감사를 실시하였음을 명백히 하기 위하여 감사 업무 수행 중에 수집
하거나 작성한 서류 중 감사 의견 형성의 주요 근거가되는 서류를 보관 하여야 한다.

제 12 조 (감사보고서)
1. 감사 종료 날짜를 기준으로 하여 감사보고서의 형식 및 내용은 수신인, 감사범위
   문단, 감사의견 문단, 감사보고일, 감사의 서명날인 으로 구성하여 작성한다.(별
   지-3호)

2. 지적사항이 있을 경우에는 시정계획을 첨부하여야 한다. (별지-4호)

제 13 조 (감사보고)

1. 감사(당회대표, 제직대표, 평신도대표)는 중간 감사와 결산 감사를 실시 할 수 있다.

2. 결산보고와 감사보고를 당회 -〉 제직회 -〉 공동의회에 보고 함으로써, 재무에 관한 제반 업무를 성도들에게 투명하며 신뢰할수 있고 합법화를 기 할 수 있도록 하여야 한다.

제 14 조 (당회의 감사의견)

재정부장은 연말 결산 당회 보고 시 감사보고서 와 함께 감사 의견을 제시 하여야 한다.

단식회계 와 복식회계

1. 단식부기 와 복식부기의 차이

구분	단식부기	복식부기
장점	-.상식적인 단순 기록 -.필요한 계정만 선택적 기록 -.소규모 교회, 단체, 가계	-.이중병행기록으로 자기 검증이 용의 (貸借平均의 原理), -.회계기록의 착오 및 사고 방지 -.책임자들의 회계 결제 요령이 단순 -.자산, 부채의 순환 과정 관리가 가능 -.발생주의 회계, 전산회계 용의 -.전산회계로 양질의 자료 신속 제공
단점	-.현금출납장에 의한 단순기록 -.주요 회계 기록의 증발 -.자기 통제와 검증 기능 부족 -.자산, 부채 관리에 기록미흡 -.담당자 신뢰성에만 의지 -. 출납사고의 주요 원인	-.계정 분개 과정의 이해 -.복식회계기장이라는 인식 부족

* 최근 관공서에서도 복식부기제도로 전환 실시하고 있음

* 교회재정의 변화도 요구 되고 있음.

2. 복식 회계 기록의 이유

-. 차, 대변 복기식 기록으로 회계 흐름 검증용의 하다

-. 자료 집계가 신속하고 기록 시 마다 일계표로 확인 한다

-. 교회전체 및 부서의 지출을 비목별로 통계가 가능 하다

-. 교회 비품 등 구입 하고 관리하는데 기초 자료가 된다

-. 특별회계, 대여금, 가지급금, 등 임시 계정에 관리가 용의하다

-. 자산, 부채의 회계개념 적립과 계정 간 검증이 용이하다

-. 외부로 부터의 외상 및 부채 성 비용도 기록 관리가 된다

-. 년, 원말회계 보고 자료의 집계가 자동 처리 된다

-. 전산화가 발달되어 누구나 쉽고 용의하게 전산처리 가능하다

-. 행정자료와 연계하여 회계정보 자료보관이 전산화로 용의하다

3. 거래의 예시

예시 1 : 2월 1일 현금 500,000원으로 녹음기 1대 구입하다

　　　　단식 : 2/1 현금출납장 피아노 지출 500,000.-

　　　　　　　(현금 1계정 만 기록 후 필요시 비망 기록)

　　　　복식 : 비품 500,000(자산의증가) 현금500,000(자산의감소)

　　　　　　　(비품과, 현금 2계정에 동시 이중 기록으로 비품의 손*망실 기록이 가능)

　　　　　　　* 관리: 사용 부서에 대한 인계인수 및 수리 시 수리 기록부

예시 2 : 2월15일 부목사님 심방용 스타렉스 1대를 30,000,000중

　　　　인도금 3백만원과 나머지 할부금으로 구입하다

　　　　단식 : 차량인도금 3,000,000원 지출

　　　　복식 : 차량 30,000,000(자산의증가) 미지급금 27,000,000(부채의증가)

　　　　　　　　　　　　　　　　　　　　현금 3,000,000

예시 2-1 : 월 분납 시 1,000,000씩 할부금 불입 시

　　　　단식 : 현금출납 1회 할부금(비용) 1,000,000 지출

　　　　복식 : 미지급금1,000,000(부채의감소)   현금1,000,000(자산의감소)

예시 3 : 2월20일 급여 3,000,000중 국민연금 300,000 공제 후 지불

　　　　단식 : 현금출납 2,700,000지출

　　　　복식 : 급여3,000,000(비용의발생)   현금 2,700,000(자산의감소)

　　　　　　　　　　　　　　　　　　　예수금   300,000(부채의증가)

예시 3-1 : 3월10일 국민연금 신고 납부

　　　　단식 : 현금출납 300,000 지출

　　　　복식 : 예수금 300,000(부채의감소)　　　현금 300,000(자산의감소)

예시 4 : 년말 약속헌금 미 이행자　1,000,000

　　　　단식 : 비망록으로 관리 없음

　　　　복식 : 미수헌금 1,000,000　　　약속헌금 1,000,000(구분 수입)

인천기독교신문 교회회계기준 연제 후 "재정관리 Q&A"

1. 현재 교회 내 재정관리의 문제점은 무엇일까요?

최근 일부 교회의 재정관리 문제로 인하여 세간에 심심치 않게 오르 내리는 문제는 재정 투명성과 신뢰성 대한 문제인데 교회 지도자들의 재정관리 의식이 인간적인 믿음으로만 바라보는 시각이 있고 무관심과 회계 상식의 미흡으로 인한 회계기준 없는 재정관리 절차라고 볼수 있습니다.

2. 교회에서 재정과 관련한 사고와 문제가 발생하는데 어떤 유형의 재정사고가 발생되고, 어떤 이유로 이러한 일이 일어나는 걸까요?

많은 사례가 있지만 일일이 열거 할 수는 없고 재정의 헌금 집계에서 회계 장부 기입 과정에 세심한 확인 없이 넘어가는 실수를 발견 하지 못하고 장기적 오류가 발견되지 않을 때 덮을 수 없는 결과가 초래되고 한편재정책임자들의 개인적인 편견이나 무지에서 오는 재정 지출 행위가 결국은 교회의 혼란을 야기 시키는 경우가 상당 부분 있다고 봅니다.

3. 이러한 문제들을 교회가 해결하기 위해 가장 시급한 일은 무엇일까요?

교회의 재정담당자는 회계 유 경험자가 적기 때문애 교회 내 교회 형편에 맞는 자체적인 "교회회계기준"을 제정하고 이를 기준으로 삼아 담당자가 교체 되더라도 업무가 지속적으로 이어질 수 있도록 하고 재정부와 기관 회계 책임자를 위한 정기적인 회계 교육을 실시 하는 제도와 교회 회계 감사기준제도를 통하여 형식적이고 적당히 넘어 가려는 의식의 탈피가 시급 하다고 봅니다.

4. 교회 재정관리에 있어 회계기준이 필요하다고 하는데 왜 필요한 것일까요?
   그리고 이러한 회계기준이 모든 교회에서 통용될 수 있는것인가요?

교회내에는 회계업무를 경험한 사람이 적은 편이고 먼저 사회에서 회계업무를 봤다고 하여도 자기만의 방식으로 회계 처리하는 경향이 많은 편이며, 재정 업무가 처음인 경우도 간단한 출납업무로 생각하고 시작을하여 시행착오를 격기도 하기 때문에 반듯이 교회가 수용할 수 있는 범위의 "교회회계기준"의 제정과 "교회회계감사"의 제도화가 시급합니다.

5. 교회 재정관리에 있어 담임 목사를 비롯한 교역자와 부서장, 재정 담당자 등 각 구성원별로 어떤 역할과 관계를 가지는게 좋을까요?

재정의 총책임자는 담임목사에게 책임이 있음을 알고 목회자의 목회 계획을 충분히 반영한 예산 확정이 되면 재정책임자와 각부서장들은 "교회회계 기준절차"에 의한 모든 교회재정관리의 주어진 절차를 반듯이 이행하여 누가 책임자가 되도 각 업무분담의 이견이 없도록 교회 회계 관습을 공론화하여 실행해 나아가야 합니다.

6. 사회는 물론 교인들조차 교회 재정관리의 투명성을 지적하곤 하는데 교회가 투명성 있는 재정관리를 위해 어떤 준비를 해야 할까요?

교회 지도자들은 재정의 공과 사를 구분하여 현금사용의 내핍 재정관리를 해야 하며 재정사용의 투명성과 재정지출의 처리 원칙을 준수하고 지출증빙의 명확성을 유지하여 교회 공동체내에 신뢰성을 잃지 않도록 하며 형식적인 감사업무를 좀더 체계적으로 연구하여 재정 업무의 개선을 통한 교회재정의 건전화로 교회 성장을 도모해야 합니다.

7. 교회의 효율적 재정관리를 위해 도움을 받을 수 있는 방법에는 어떤 것들이 있을까요?

할수만 있으면 재정관리자는 회계에 경험 있는자로 함이 원칙이되 현실상 어려움이 있어 "교회회계기준서"와 "교회회계감사제도"의 제정을 도와주는 교회회계전문가를 통한 상담 및 순회 교육 을 통하여 숙지한 후 각 교회에 형편에 맞으며 일관성있게 지속적으로 운영하며 차후 교회 내 경험있는 재무 부서장에 의한 교회 내 재무부서와 각 지 회계 담당들에게 년1회 이상 정기적인 재정회계 교육을 실시를 하며 한편 쉽게 이용할 수 있는 재정프로그램을 활 용하여 효율적인 교회재정관리가 이루어질 때 교회재정건전 을 통한 교회의 부흥으로 이어질 줄로 믿습니다.

부 칙

제 1 조 본 교회 회계 기준은 (당 회)에서 인준한 날로부터 발효한다

　　　(20　　.　.　.)

2012. 12. 1　초판 발행
2017. 7. 1.　2판 발행
2019. 9. 1.　3판 발행
2022. 10. 1.　4판 발행

저자약력

안주백 경영컨설턴트 (인천제일장로교회 원로장로)

인하대학교 경영대학원 경영학과(회계학전공) 졸업
한국경영기술지도사회 프로 경영컨설턴트 과정 이수

(전) 대한예수교장로회(통합) 총회 재정부 실행위원
(전) 학교법인「제일학원」(인성초,중,고) 이사 및 감사
(전) 인천재능대학교 경영학과 (세무회계학과) 외래교수, 특임교수,
(전) 성수의료재단 경영본부장(인천백병원,강화BS종합병원)

(현) 관세청 보세사(수, 출입 보세물품 관세 관리)
(현) 산업통상자원부 경영지도사(재무관리)
(현) ITCG(주)「혁신경영컨설팅그룹」수석 컨설턴트
(현) 삼광조선공업주식회사 부사장

수 상 "상공대상" (중소기업 ERP 시스템 개발) 인천상공회의 소장
      "경영대상" (우수경영인) 산업통상자원부 장관

YouTube 검색 「안주백장로교회재정세미나」

M : 010-6327-1522
E : jbyj@nate.com